JN086038

藤野真也［著］

グローバルリスク としての 海外腐敗行為

内部統制機能不全の克服に果たす 経営者の役割

東京　白桃書房　神田

はじめに ●

　グローバル化にともない，日本企業の海外進出は加速しているが，その主戦場となっているのは，アジアの新興国・途上国である。当該地域では，腐敗が深刻化しており，贈収賄を含む違法な取引が，ビジネス上の慣習になっている場合もある。こうした行為は「海外腐敗行為」と呼ばれ，現地に進出する日本企業にとって極めて重要なコンプライアンス課題であるとともに，倫理上の問題にもなっている*。

　もちろん，過去 10 年間で，日本企業による海外腐敗行為防止の取り組みは，大きく進展した。多くの企業が腐敗防止の社内規程を整備し，贈賄防止の教育トレーニングを導入してきた。しかし，昨今の国際情勢や，海外ビジネスの実態に照らせば，海外腐敗行為を巡る日本企業の倫理・コンプライアンスは，これまでにないほどの困難な局面を迎えていると言わざるを得ない。

　まず，2019 年以降の新型コロナウイルス感染症の世界的な蔓延は，事態のさらなる悪化を招いたと言われる。ウイルスの蔓延に対し，各国政府はワクチンや医療器具を迅速に提供するため緊急の公的支出が求められたが，こうした支出の正当性をチェックするために十分な時間を確保できないことも多かった。このため，医療器具の調達に関連して腐敗行為が発生していたと言われている**。

　また，一部の国では独裁政権が権力を強化することで，腐敗のさらなる悪化を招いているとも言われる。社会に腐敗が蔓延すれば，政治・経済の両面において公正な意思決定が歪められ，社会に大きな害悪がもたらされる。とりわけ，独占資本と寡頭政治が不正に結びつく構造的腐敗においては，民主主義的統治メカニズムがむしばまれ，国内外の安全・平和が脅かされることもある***。

このような状況のなか，自由主義社会における各国政府は，極めて厳格な態度で腐敗に対処しようとしている。米国を中心に，各国は企業による海外での腐敗行為を法律によって禁止するとともに，違反企業に厳格な処罰を課している。また，違法行為を効果的に防止するため，グローバルレベルの内部統制の構築・運用を求めている。このため，経営者は内部統制の効果を高めるべく，正確なリスク情報を把握するとともに，リスクに対して合理的な対策を講じることが求められている。

こうした昨今の動向に鑑みれば，企業が腐敗防止を目指して組織体制を強化することは，自社の直面する海外ビジネスのリスクを低減させるとともに，成長著しい新興国において，安定したビジネスを確保するための重要な礎となる。また，このような企業努力が，ひいては国際社会の腐敗防止体制を強化することになり，安全保障上の脅威と闘うための不可欠な武器になるとも考えられる。

しかし，多くの企業にとって，グローバルレベルで内部統制を有効に機能させるのは容易ではない。なぜなら，本社と海外拠点は，制度・慣習面で異なるビジネス環境にさらされ，両者の間で企業がジレンマに直面するからである。一方の本社では，先進国側のルールに従い，厳格な社内ルールを設定し，これを海外拠点のビジネスに適用しようとする。他方の海外拠点は，その国の商慣習に従ってビジネスを遂行することが求められるが，それが必ずしも本社側のルールに沿ったものであるとは限らない。

このとき，海外拠点では，社内ルールに違反する現場の行為について，その実態を本社に報告することができず，本社は正確なリスク情報の把握が困難になる可能性がある。その結果として誤った情報に基づき内部統制が運用され，その有効性が損なわれることになる。とりわけ，日本企業による海外腐敗行為防止の対応は，他の先進諸国に比べると遅れていると言われており，早急な対策が求められているところである。

本書では，海外腐敗行為を巡って引き起こされる内部統制の機能不全に焦点を当て，その発生メカニズムを理論的に解明するとともに，日本企業の現状をデータに基づき整理することで，実務上の問題点をあぶり出す。そのうえで，トップマネジメントの行動を，経営環境としての諸制度との関連性の

なかで明らかにし，そこから見出される問題点を念頭に置きながら，今後の
日本企業が講じるべき改善策を提案していく。

2023 年 3 月

藤野　真也

はじめに

はじめに

第1章　グローバルリスクとしての海外腐敗行為　001

1　なぜ腐敗行為が問題視されるのか………………………001

　1.1　腐敗行為とは何か　001

　1.2　腐敗がもたらす2つの害悪　005

　1.3　国際的腐敗の深刻化　009

2　国際社会による腐敗との戦い………………………010

　2.1　国際的な海外腐敗行為防止体制　010

　2.2　国際条約の成立　012

　2.3　国内法令の整備　015

　2.4　当局による執行　018

　2.5　各国当局間の協力　022

　2.6　新興国の腐敗防止体制　024

3　日本企業が腐敗防止に取り組むべき理由………………………026

第2章　企業に求められる海外腐敗行為防止　029

1　海外腐敗行為の代表的事例………………………029

　1.1　シーメンスによる海外腐敗行為　029

　1.2　海外腐敗行為の発覚と捜査協力　030

2　シーメンスのコンプライアンス体制………………………033

　2.1　コンプライアンス体制の概要　033

　2.2　後援，寄付，会員等　036

　2.3　ビジネスパートナー　038

3 海外腐敗行為防止のプロセス················040

　3.1　企業体の拡大　040

　3.2　経営者の信認義務　　043

　3.3　リスクベース・アプローチ　　047

第3章　グローバルビジネスにおける「制度のすきま」と「コンプラ断絶」　051

1 「制度のすきま」が引き起こす問題··············051

　1.1　制度のすきまと海外腐敗行為　　051

　1.2　新興国におけるビジネスの実態　　053

　1.3　制度のすきまが引き起こすコンプラ断絶　　056

2 日本企業による腐敗防止の現状·················058

　2.1　代表的日本企業による失敗の事例　　058

　2.2　日本企業による取り組みの状況　　059

　2.3　データに基づく現状分析　　062

　2.4　業種ごとの特性　　065

3 日本企業の直面するコンプラ断絶··············066

　3.1　コンプラ断絶をめぐる組織的課題　　066

　3.2　リスクに対する経営者の態度　　068

　3.3　経営者の態度に影響を与える経営環境　　070

第4章　克服すべき課題1：リスクに対する甘い認識　073

1 企業セクターの視点·························074
海外展開の歴史の浅さ

　1.1　日本企業の海外展開　　074

　1.2　進出先での腐敗の蔓延　　079

2 政府・行政セクターの視点···················083
規制・罰則の甘さ

　2.1　外国公務員贈賄罪設定を巡る法改正　　084

　2.2　外国公務員贈賄罪の適用　　087

3 市場セクターの視点──────────────────────── 092
　ガバナンスにおける風通しの悪さ

　　3.1　株主による責任追及　　092

　　3.2　株式持合の影響　　096

4 小括────────────────────────────── 099

第5章 克服すべき課題2：リスク対応の先送り行動　　101

1 企業セクターの視点──────────────────── 102
　日本的組織観と内部統制のミスマッチ

　　1.1　経営者の組織観　　102

　　1.2　組織内部のしがらみ　　107

2 政府・行政セクターの視点───────────────── 110
　不十分な内部統制規制

　　2.1　内部統制の法的位置付け　　110

　　2.2　内部統制構築の動機付け　　113

3 市場セクターの視点──────────────────── 117
　機関投資家の関心不足

4 小括────────────────────────────── 122

第6章 克服すべき課題3：リスク情報の不足　　123

1 企業セクターの視点──────────────────── 124
　不十分なリスク情報の社内蓄積

　　1.1　現地の腐敗に関する情報の蓄積　　125

　　1.2　コンプライアンス部門の設置と強化　　127

2 政府・行政セクターの視点───────────────── 129
　インセンティブ・メカニズムの欠如

　　2.1　当局が公表する実務指針　　129

　　2.2　リスクベース・アプローチに関する情報　　132

3 市場セクターの視点──────────────────── 135
　専門家の不在

4 小括────────────────────────────── 138

第**7**章 経営者の果たすべき役割：　　　　　　139
　　　制度のすきまの克服に向けて

1 　内部統制が機能しない根本原因 ································ 139

2 　制度のすきまと経営者の責任 ······························ 140

3 　リスク認識の強化に向けて ······························· 141
　　　コレクティブアクション

4 　日本企業の今後に向けた提言 ····························· 146

5 　本書の限界と今後の展望 ································· 148

おわりに

参考文献

索　　引

第 **1** 章

グローバルリスクとしての海外腐敗行為

1 ● なぜ腐敗行為が問題視されるのか

1.1 腐敗行為とは何か

　腐敗は「自己および自己に関連した私的利益の誘導を目的として，他と差別的かつ不公正な手段で，公職あるいは公的影響力を利用する行為[1]」と定義される。わかりやすく言えば「公的権力を不当に行使すること」あるいは「させること」で，当事者たちが「私腹を肥やす」という非倫理的な行為である。このような行為の代表例に「賄賂」がある。賄賂とは，公務員の権力を行使させるために，相手に裏金を渡すことである。賄賂を支払うことで，個人や企業は，権力を自らに有利に働かせることができる。

　ここではまず，腐敗の意味を広く捉えながら，その全体像を理解するために「行政的腐敗」「政治的腐敗」「構造的腐敗」「国際的腐敗」の 4 つの観点から腐敗を類型化し[2]，そのなかで本書のスコープを定めておきたい。

1　大内（1977），16 頁。
2　以下に示す腐敗の 4 類型については，大内（1977），36-39 頁を参考にしている。

行政的腐敗

　行政的腐敗は，小規模で行われる横領や賄賂の受け渡しなどを指す。主に，中級・下級公務員との関係で行われる腐敗行為を想定している。一部の国では，こうした腐敗が広く社会に蔓延しているが，特にビジネスの現場においては「ファシリテーション・ペイメント」と言われる形で，支払いを要求されることが多い。

　ファシリテーション・ペイメントは，一般に，行政サービスに係る手続きの円滑化等を目的とした少額の支払いとして理解されている[3]。例えば，貿易取引に関連して，現地の通関職員などが，手続きをスムーズに行うための条件として，非公式な手数料の支払いを求めてくることがある。要求に従わなければ，窓口で担当職員が書類を受け取ってくれなかったり，書類が迅速に処理されなかったりと，嫌がらせにも似た対応を受けることもある。このような状況が続けば，納期の遅れなどにより，企業は経済的損失を被ることにもなりかねない。

政治的腐敗

　政治的腐敗は，公的財産を巡る大規模な横領・背任や贈収賄など，高級官僚や政治家との間で行われる腐敗を指す[4]。政治的腐敗が賄賂の形をとるとき，官僚や政治家の側は，個人的な利益を求めて収賄を行う。また同時に，贈賄側となる企業も，賄賂の支払いを通じて，政治権力の不当な行使と，それによって不正にビジネスを獲得することを期待する。

　例えば，企業やその関係者が，公共工事に関して，競争入札の指名を受けようとして，公務員に金品を渡すことがある。同様の目的で，過剰な接待をすることもある。また，公務員の側から働きかけて，企業に賄賂の支払いを要求することもある。要求を受けた企業は，支払いを拒否すれば，当然ながら取引獲得のチャンスを逸することになる。さらに，一度要求を断ったこと

3　OECD（2012），p. 12.
4　大内（1977），39頁.

で，今後，入札において不利な扱いを受けるなど，将来にわたって不利益を
被るおそれもある。

構造的腐敗

　構造的腐敗は，国益や公益の名のもとに，独裁政権と独占資本との間に成
立する大規模かつ長期的な癒着関係を指す[5]。構造的腐敗の状態においては，
公企業の設立，少数のメンバーによる経営支配と非効率な経営，公共事業支
出の乱発などが引き起こされる。その地域に暮らす人々の生活を不当に制限
することで，深刻な人権侵害を引き起こすこともある。例えば，1965 年か
ら 1998 年までのインドネシアにおける独裁政権下の腐敗は，構造的腐敗の
典型例と言えよう。

　当時のインドネシアは，スハルト政権のもとで，高い経済成長を達成した
が，その反面，国内では腐敗が横行するようになった。スハルト大統領は自
らの政治権力を保持するために，配下の支持者に対して利権を保証し，縁故
主義の政治システムを維持していた。さらに，軍事力と膨大な資源の支配を
背景に，政治経済体制の頂点に立ち，植民地支配時代以前の伝統的な世襲支
配を復活させた。長期にわたる縁故主義政治は，政権そのものに腐敗や癒着
による制度疲労を生じさせ，その統治能力は再生不可能となっていった。そ
の結果，1998 年に 32 年間に及んだスハルト政権は崩壊した[6]。

　その後，インドネシアでは政権交代が起きるたびに，新政権のアジェンダ
として腐敗防止の必要性が叫ばれてきた。なかでも 2003 年に発足した「汚
職撲滅委員会（KPK）[7]」は，東南アジア諸国における腐敗防止政策のモデル
になるほど，成功を収めたとされている。KPK は，腐敗防止に関して非常
に大きな権限が与えられ，これまでにも政府高官や大臣などの重要ポストに

5　大内（1977），39 頁。

6　Martini（2012），p. 1.

7　メガワティ政権時代の 2001 年，「腐敗のないインドネシア」の実現を目指して，政府のモニタ
　リングと腐敗行為の捜査および告発を行う機関として KPK が組織された。Indonesia Invest-
　ment（2014）.

ある人物の腐敗行為を摘発するなど，大きな成果を上げている[8]。とは言え，インドネシア社会に蔓延する腐敗を一掃するには程遠く，日本企業を含めた外国企業による海外腐敗行為も度々問題となっている。

そもそも構造的腐敗は，行為が国家ぐるみで行われているため，国内では違法行為とすら扱われないことも多く，取り締まりを受けることもない。このため，企業が構造的腐敗に加担すれば，短期的には利益を得るかもしれない。しかし，長期的には現地の経済的・政治的停滞を招くことで，企業自身の持続可能性に悪影響を及ぼすことにもなりかねない。

もちろん，このような深刻な問題が放置されて良いはずはなく，国際社会が団結して対峙しなければならない課題だと考えられている。現代では，構造的腐敗の深刻化する国家が，安全保障上の懸念をもたらす場合には，経済制裁などを通じて国際社会から締め出されることもある。

国際的腐敗

国際的腐敗は，ここまでに見た3種類の腐敗（行政的腐敗，政治的腐敗，構造的腐敗）が，国際的なレベルで生じることを指す。企業が海外でビジネスを行うときには，通関手続や許認可手続において，ファシリテーション・ペイメントを要求されることがある。また，現地政府が出資するプロジェクトでは競争入札が行われ，さまざまな国から多国籍企業が入札に参加するが，契約の獲得を巡って，賄賂の受け渡しが行われることもある。こうした腐敗行為は，海外ビジネスを巡って起きる行政的腐敗・政治的腐敗であるとともに，国際的腐敗にも分類できる（図表1-1）。

もちろん，構造的腐敗は，4類型のなかで最も深刻な腐敗であり，社会に対する悪影響の度合いも大きい。また，行政的腐敗や政治的腐敗も，深刻化すれば，構造的腐敗につながることもある。とはいえ，大部分の日本企業が，

8　KPKはビジネスパーソンから警察官，政治家まであらゆる職務における腐敗行為の従事者を摘発してきたとされている。Biegelman & Biegelman（2010），p. 188. 例えば，与党民主党党首のアナス・アーバニングラムが2014年にスポーツスタジアムの建設に関連して賄賂を受け取った事件や，前青年スポーツ大臣のアンディ・アルフィアンが同事件に関連してキックバックを受け取っていた事件などがある。Indonesia Investment（2014）.

図表 1-1　腐敗の類型

| 行政的腐敗 | 政治的腐敗 | 構造的腐敗 |

国際的腐敗

出所：大内（1977）39 頁を参考に筆者作成。

グローバルビジネスの現場で日常的に直面する問題は，行政的腐敗や政治的腐敗であることが多い。

　そこで本書では，主に国際的腐敗として行われる行政的腐敗や政治的腐敗に焦点を当て，これに企業経営の視点から検討を加える。とりわけ日本企業が海外進出する際に，現地で腐敗に関与する行為，すなわち「海外腐敗行為」を，日本企業にとってのリスクと捉え，こうしたリスクをいかにコントロールするかを，重要な論点と位置付ける。

1. 2　腐敗がもたらす 2 つの害悪

　本書では日本企業の経営者の視点に立ち，海外腐敗行為を，企業経営にリスクをもたらす深刻な問題と考える。もちろん，ビジネスにおいては，リスクの大きさや性質を理解することが決定的に重要である。ただし，それに先立ち，ここではまず社会全体の視点に立って，そもそもなぜ腐敗行為が社会的に問題視されるかを明らかにしておきたい。その理由は，以下に示す「経済的損失」と「民主主義統治の破壊」の 2 点にある。

経済的損失

　腐敗行為が蔓延することで，社会は多大な経済的損失を被っている。そもそも，企業が行う取引は，市場メカニズムのもと，適正な価格と最適な資源

配分に基づき行われることが想定されている。つまり、市場メカニズムが正常に機能すれば、個人や企業が合理的に行動することで、社会全体の利益が最大化されるわけである。

　しかし、市場が正常に機能するためには、守られるべきルールがある[9]。仮にそれが守られなければ、市場は機能不全を起こしてしまう。特に、取引に関連して腐敗行為が行われると「低コストで高品質な製品・サービス」が市場から排除され「高コストで低品質な製品・サービス」が市場で勝ち残ってしまうことにつながる[10]。こうした状態は「市場の失敗」と呼ばれ、社会全体に損失がもたらされると理解されている。

　例えば、インフラ建設プロジェクトにおいて他社と競合している企業が、プロジェクトの決定に影響力を持つ公務員に賄賂を渡すとしよう。その公務員は自らの裁量で、発注先を恣意的に決めることができる。すると、賄賂を渡した企業が品質面・価格面で劣っているにもかかわらず、プロジェクトの受注に成功することになる。したがって、品質と価格によって製品・サービスが選択されるという「市場メカニズム」が正しく機能せず、市場の失敗が生じることになる[11]。とりわけ、腐敗の蔓延する途上国では、独占禁止法や腐敗防止法を含めた市場のルールが整っておらず、またルールが存在したとしても正しく運用されていないことも多いため、市場の失敗が生じ、社会に損失がもたらされる可能性が高い。

　また、後述する通り、腐敗によって統治機構が機能不全を起こすと、国内

9　いわゆる完全競争市場モデルは「不完全競争」「不完全情報」「外部性」「公共財」の4つの点において、機能しないことがある。これらは「市場の失敗」と呼ばれ、政府による介入を正当化する論拠とされている。Stiglitz & Walsh（2002）。贈収賄が行われると、贈収賄によって特定の企業以外が市場から排除され、市場への参入退出の自由が奪われるため、不完全競争が生じる。この点において、理論上も腐敗行為が市場の効率性を低下させ、社会に経済的損失をもたらすことがわかる。

10　個人や企業が、政府や官僚組織へ働きかけを行い、法制度や政治政策の変更を行うことで、自らに都合よく規制を設定させるなどして超過利潤を得るという経済行動を「レントシーキング」と呼ぶが、腐敗行為はこれの一種だと見ることができる。レントシーキングにより投資および資本生産性が低下することで、GDPの低下が引き起こされる。こうした問題は、国内投資よりもむしろ、FDI（海外直接投資）、海外銀行借入などの海外資本流入で顕著になる。

11　市場の失敗については、前掲注9を参照のこと。

における政治経済の構造改革が進まず，先進国からの対外援助が非生産的な分野に使われてしまうこともある[12]。これまでにも途上国や新興国に対する政府開発援助資金の多くは，本来必要とされる貧困対策やインフラ整備ではなく，政府部門の無駄遣いに費やされていると言われてきた。にもかかわらず「腐敗のひどい国ほど OECD 諸国から多くの対外援助を受けている」という皮肉な事実も確認されている[13]。その結果，世界経済において，腐敗行為による経済的損失は 2.6 兆ドルにのぼり，世界の GDP の 5% に相当するとも言われている[14]。

民主主義統治の破壊

腐敗行為がもたらすもうひとつの害悪は，民主主義社会において不可欠な「法の支配のメカニズム」を歪めてしまうことである。民主主義社会において，人々の幸福や安全，平和は，社会のルールによって守られる。このルールを正しく運用するには，正統な手続を経て構成された立法機関が法を制定し，その法を行政機関が正しく運用するとともに，司法機関が公正な判断のもとで法に基づく紛争解決を行うことが必要となる[15]。

しかし，腐敗行為が蔓延すると，法の支配が歪められ，民主主義的な統治メカニズムの機能が損なわれてしまう。このため，本来，人々を守るために存在する社会のルールが機能せず，人権・労働・環境など，重要な社会的価値が失われることにもなり得る。その結果，かえって人々の安全や平和が脅かされることにもなりかねない。

この点を理解するため，代表的な事例として，2015 年 8 月に中国天津市の臨海部で起きた爆発事故を紹介したい。当時，天津の物流会社「端海公司」の倉庫で大規模な爆発が起き，甚大な被害をもたらしたことで，メディアでも大きく報じられた。当時の報道によれば，爆発による衝撃波と熱風が周辺地域を直撃し，死者は 123 名，行方不明者は 50 名で，保険損害賠償金額は

12　Husted（1999），pp. 339–359.
13　Alesina & Weder（2002），pp. 1126–1137.
14　WEF（2013）.
15　平野（2019），2403–2430 頁。

約1000億と見積もられた[16]。

　この事故の特徴は，死者・行方不明者の合計173名のうち，104名が消防隊員だったことである。事故の起きた倉庫では，当初，火災が発生し，そこに消防隊員たちが駆けつけていた。倉庫には，大量の化学品が貯蔵されていたが，それらは「水に触れると化学反応を引き起こす」という危険物であった。にもかかわらず，現場に駆けつけた消防隊員たちは，火災を起こした倉庫に「放水」をしてしまった。この放水が化学反応を誘発して爆発を引き起こし，現場にいた多くの消防隊員たちが犠牲となったわけである。

　こうした事態が引き起こされた直接の原因は，消防隊員たちが「倉庫に化学品が保管されているという事実を知らされていなかった」ことである。このため，彼らは何の警戒心もなく，ひたすら放水を続けてしまい，その結果，大規模な爆発が起き，多くの犠牲者を出す事態となった。

　しかし，事故の遠因をたどれば，それが端海公司の関与した腐敗行為にあったことがわかった。そもそも，事故が起きた臨海地区は住宅地にも近く，そこで倉庫を営業する場合には，安全評価会社の審査を受け，特定の基準を満たすことが求められていた。その基準とは「危険物を保管する倉庫は，住民居住区域から1000m以上離れていなければならない」というものだった。

　ところが，端海公司は，倉庫の営業を開始する際に，安全評価会社に賄賂を渡し，その見返りとして，基準を満たしていない倉庫の営業許可を不正に取得していた[17]。このため，危険物が保管されているにもかかわらず，その事実が公にされることなく，必要な情報が消防隊員たちにも知らされなかった。これが，結果的に最悪の事故を招くこととなったわけである。その後，事件に関与した容疑者たちは，収賄側と贈賄側の双方ともに立て続けに逮捕され，有罪判決を受けている[18]。

16　北村（2016）。

17　北村（2016）。なお，当該爆発事故の現場を指揮していた国家安全生産監督管理総局長の楊棟梁は，2012年5月に中央政府で経済活動上の安全管理を担う現ポストに就いた。林望「天津爆発に腐敗問題の影―中国政府高官ら規律違反の疑い」『朝日新聞デジタル』2015年8月18日。その直後に，港湾部での危険物取り扱い許可の発給要件を緩めたことが，今回の事故の伏線になったとされている。林（2015）。

18　瑞海公司董事長の於学偉には，危険物質違法貯蔵罪，違法経営罪，危険物品事故惹起罪，贈賄

1.3　国際的腐敗の深刻化

　天津爆発事故の例からもわかる通り，腐敗行為は社会のルールを無効化することで，経済・政治の両面において深刻な害悪をもたらす社会的リスクがある。このリスクが顕在化すれば，多くの被害者を出すような深刻な人権侵害を引き起こす。特に，腐敗が慢性化し，構造的腐敗と呼ばれる状態が進行すれば，法の支配が国家単位で機能不全を起こし，国家の自浄作用そのものが損なわれることになる。ひいては不正行為が公に容認され，常態化してしまうことにもなりかねない。

　国際秩序が友好的で平等な国家間関係から成るとするならば，法の支配は国際平和の基盤であるとも言える。そもそも民主主義とは，暴力を使わずに話し合いで問題解決を図るための政治体制である。したがって，腐敗の深刻化により民主主義の統治が損なわれれば，国際社会には法の支配よりも暴力による支配が罷り通ることとなり，ひいては各国に安全保障上のリスクがもたらされることになる。この点において，国際的腐敗は，先進国を含めた国際社会が，団結して対処すべき重要課題だと言える。

　また，先進国側では，多くの企業がグローバル化を進めており，新興国・途上国でのビジネスを拡大させている。こうした地域では腐敗が深刻化していることから，企業は海外進出先の拠点で日常的に腐敗の問題に直面し，その対応が求められるようになっている。ここに，企業が「海外腐敗行為」を主要な倫理・コンプライアンス上の課題と捉え，その防止に取り組むべき理由がある。

　海外腐敗行為とは，一言で表せば，不正な利益獲得を目的とし，外国の公

罪により死刑執行猶予2年ならびに罰金70万元が科された。瑞海公司副董事長の董社軒，総経理の只峰など5名には危険物違法貯蔵罪，違法経営罪，危険物品事故惹起罪を構成するとして無期懲役から15年の懲役刑が，瑞海公司のその他7名には10年から3年の懲役刑が，それぞれ科された。さらに，天津中濱公司董事長兼総経理の趙伯揚など11名には直接責任者としてそれぞれ4年から1年6か月の懲役刑が，天津市交通委員会主任の武岱など25名の役人には職務怠慢罪や職権濫用罪により7年から3年の懲役刑が，それぞれ科された。このうち，李志剛など8名には収賄罪などの併合罪が適用された。北村（2016）。

務員に賄賂を提供する行為である[19]。一般には「外国公務員贈賄」また「海外贈賄」と呼ばれることも多い。こうした行為は，新興国・途上国を中心に，一部の地域に蔓延している。前述した通り，腐敗行為は法の支配そのものを蝕んでしまうため，現地政府は自国の問題に有効な解決策を講じることができずにいる。

そこで，米欧を中心とした先進諸国は，こうした問題に国内外の企業が関与することを懸念し，規制と制裁を強化している[20]。違反企業には罰金支払や不当利益返還をはじめとした，さまざまなサンクションを科している。この意味で海外腐敗行為は，企業がグローバルに活動する際の主要なコンプライアンス・リスクとなっているわけである。

2 ● 国際社会による腐敗との戦い

2.1 国際的な海外腐敗行為防止体制

ビジネスにおける海外腐敗行為のリスクとは，具体的にどのようなものなのか。その本質を理解するには，国際的な「海外腐敗行為防止体制」の全容を把握する必要がある。ここでは，その全体像を「国際条約の成立」「国内法令の整備」「当局による執行」「各国当局間の協力」「新興国の腐敗防止体制」という5つの構成要素に分けて整理しておく。

第一の要素は，国家間の規制の平準化を図るための国際条約である。これが国際的な海外腐敗防止体制の基礎に位置付けられる。一般に条約は，参加国の行動を拘束するものである。したがって，参加国はこれを誠実に履行する義務を負うことになる[21]。海外腐敗行為防止を目的とした最も実効性ある

---

19 正確には，外国公務員贈賄は「ある者が故意に，国際商取引において，取引または他の不当な利益を取得し又は維持するために，外国公務員に対し，当該公務員が公務の遂行として行動し又は行動を差し控えることを目的として，当該外国公務員又は第三者のために不当な利益を直接に又は仲介者を通じて申し出，又は供与すること」と定義される。OECD (2012), p. 7.
20 OECD (2012), p. 7.

図表 I-2　国際的な海外腐敗行為防止体制

新興国の腐敗防止体制

各国担当局間の協力

当局による執行

国内法令の整備

国際条約の成立

出所：筆者作成。

国際条約は，1999 年に発効した「OECD 外国公務員贈賄防止条約（OECD
条約）」である。これが，国際的な企業活動に対する規制の大枠として機能
している。

　第二の要素は，国内法令の整備である。条約は，あくまで国家間の取り決
めであって，直接的に企業の行動を規制するものではない。実際に企業行動
を規律するには，条約参加国の政府が，条約の趣旨を自国の法令に落とし込
み，国内法令として法制化しなければならない[22]。現状で，先進的な海外腐
敗行為防止法制を備える国には，米国や英国などがある。

　第三の要素は，当局による執行である[23]。法規制によって企業行動を規律
すると言っても，各国の当局がこれを執行しなければ，規制は実効性を持た
ない。したがって，国内法令が十分な機能を果たすには，その法律を管轄す
る当局が，積極的に捜査，摘発，起訴に取り組むことが求められる[24]。もち
ろん，全ての参加国が法執行に積極的であることが理想だが，先進国当局の

21　なお，ここでいう「参加国」は，厳密には「当事国」という。当事国とは「条約に拘束される
　　ことに同意し，かつ，時刻について条約の効力が生じている国」のことを指す。渡部・喜多（2014），
　　190 頁。

22　中谷他（2006），123 頁。

23　ここでいう「当局」は，法執行当局を指している。海外腐敗行為防止法制においては，米国で
　　は司法省（DOJ）や証券取引委員会（SEC），日本では警察や検察がこれにあたる。

24　中谷他（2006），36 頁。

活動を見ると，現状で活発に動いているのは，米国が中心となっている[25]。

　第四の要素は，各国当局間の協力である。仮に，法執行を積極化しているのが米国当局のみだとすれば，グローバルな腐敗行為防止体制は，十分に機能しているとは言えないだろう。なぜなら，海外腐敗行為は，国境をまたいで行われるという点に，その特徴があるからだ。そこで次に確認すべきは，新興国を含めた各国の法執行当局間の協力関係となる。

　第五の要素は，新興国の腐敗防止体制である。各国の執行当局が互いに協力することは防止体制において極めて重要であるものの，実際には国家間に捜査協力の枠組みがないこと，あるいはそれがうまく機能しないことも多い。しかし，世界の情勢は 21 世紀初頭から急速に変化している。途上国における政権交代や法執行強化などにより，これまで潜在化していた腐敗行為がより高い頻度で表面化するようになっている。これにより，腐敗行為に関する犯罪情報は国境を越え，各国の法執行当局に伝播するようになっている。

　以上の 5 つの要素を念頭に置きながら，ここから，国際的な海外腐敗行為防止体制の現状を概観しておきたい。

2.2　国際条約の成立

　グローバル・レベルで形成された海外腐敗行為防止体制の中核をなすのは，OECD 条約[26]である[27]。OECD 条約の締約国は 2022 年現在，全 OECD 加盟国 38 ヶ国と OECD 非加盟国 6 ヶ国を合わせて 44 ヶ国にのぼる[28]。OECD 条約は，各国政府が国内において海外腐敗行為防止を法制化するにあたり，満たすべき要件を提示している。また，締約国が制定すべき法律のモデルと

25　OECD Working Group on Bribery (2014), p. 18.

26　外国公務員贈賄防止条約は，正式には「OECD Convention on Combating Bribery of Foreign Public Officials in International Business Transactions（国際商取引における外国公務員に対する贈賄の防止に関する条約）」といい，国際商取引に関連した外国公務員への贈賄を発見し，防止し，そして撲滅するために効果的な手段を講じることを，とりわけこのような贈賄行為を OECD 条約加盟国内において即座に犯罪化することを要求する。OECD (2012), p. 3.

27　OECD (2018).

28　OECD (2018).

しての役割も担っている。したがって，締約国には，条約に基づき国内法令を整備することで，海外腐敗行為を犯罪化することが求められている[29]。

　しかし，OECD 条約は，単に法律の制定を求めるだけのものではない。締約国で制定された法律を，各国が確実に執行するのを促すため，同条約は「ピアレビュー」と呼ばれるメカニズムを設けている。ピアレビューでは，締約国の代表者によって「OECD 作業部会」と呼ばれるチームが編成され，これが各国の条約履行状況に対する継続的な監視と助言を行う。これを「フォローアップ審査」という。OECD 条約に基づき国内法を整備した締約国は，ピアレビューを通じて，法執行を積極化することが求められるようになる（図表 1-3 参照）。

　また OECD は，条約に関連してさまざまな勧告を発表しているが，これも海外腐敗行為防止体制において重要な役割を果たしている。例えば，2006 年に公表された「公的輸出信用と贈賄に関する OECD 理事会勧告」は，国際取引における公的輸出信用に関して，海外腐敗行為を防止するための適切な対策を講じるよう提案している[30]。これに基づき，各国は，海外腐敗行為に関与した企業を ODA 事業から排除するなどの制裁措置を講じている。こうした排除措置は「クロスデバーメント（Cross Debarment）[31]」と言われ，刑事制裁・民事制裁と並ぶ有効な制裁手段として機能していると考えられる。

　例えば，日本では，独立行政法人国際協力機構（JICA）が ODA 事業に関連して腐敗行為が発生した際の措置制度を設けている[32]。これは，ODA 事

29　OECD 条約は全 17 条から構成されており「犯罪の構成要件」「外国公務員の定義」「制裁」「裁判権」等とともに，条約の効果的な運用のための「司法共助」「犯罪人引渡し」「各国実施状況のフォローアップ」等も規定している。OECD（2012），pp. 7-12.

30　OECD（2006），pp. 2-4; OECD Working Group on Bribery（2009）.

31　クロスデバーメントとは，アフリカ開発銀行グループ，アジア開発銀行，欧州復興開発銀行，米州開発銀行，世界銀行グループなどの多国間開発銀行の間で，汚職，詐欺，強要，談合の 4 つの制裁対象行為について，相互に融資対象からの除外措置を実施するという合意である。

32　JICA のガイダンスには，不正腐敗行為の事実を認定する要件のひとつに「JICA が不正行為等について客観的事実として認定した場合」とあり，追記として「措置の根拠となる法令等に相当する外国の法令に基づいて，外国の司法機関による確定判決等が出された場合には措置を行うことができます」と明記されている。対象となる不正腐敗行為には，不正競争防止法第 18 条違反を含めた贈賄行為が定められている。JICA（2014），8-10 頁。実際に，丸紅は平成 26 年 3 月 26 日から 9 ヶ月間にわたって ODA 事業への参加を排除されるという措置を受けている。

	GDP 対世界シェア（%）	輸出額対世界シェア（%）	制裁（合意または強制）		無罪	
			自然人	法人	自然人	法人
米国	16.02	10.26	123	145	4	0
フランス	2.48	3.52	20	12	15	1
ドイツ	3.5	7.42	340	12	2	0
英国	2.43	3.6	21	12	22	1
韓国	1.67	2.68	24	9	5	0
オランダ	0.77	3.08	2	8	0	0
スイス	0.47	1.97	6	8	0	0
イタリア	1.99	2.58	16	7	9	0
カナダ	1.44	2.24	1	4	3	0
ノルウェー	0.27	0.6	3	3	5	1
オーストラリア	1.04	1.4	6	2	0	0
ベルギー	0.47	1.78	8	2	16	5
イスラエル	0.29	0.47	0	2	0	0
日本	4.08	3.63	10	2	0	0
チリ	0.36	0.32	2	1	0	0
デンマーク	0.26	0.83	0	1	0	0
その他合計	17.36	19.27	69	0	43	6
合計	54.9	65.65	651	230	124	14

出所：OECD Working Group on Bribery（2020），pp. 2-4.

業での契約において，不正行為等に関与した者がいた場合，JICA が定める一定期間，その契約を ODA の事業対象から除外し，または ODA 事業での契約から排除するという制度である。この措置制度は，独立行政法人通則法に基づいて作成された JICA の業務方法書第 33 条に定められたもので，不正腐敗行為の事実が明らかになった場合に，措置を講じることが決められている。対象となる不正腐敗行為には，不正競争防止法第 18 条違反——すなわち外国公務員贈賄——を含めた贈賄行為が含まれている。

　このように，OECD 条約は参加国に対してフォローアップ審査を通じた法律の制定・執行についての監視・助言を行っており，それが各国法の実効

性の向上を促している[33]。また，条約に関連して提起された勧告も，海外腐敗行為防止体制において重要な役割を果たしている。もちろん，OECD条約が参加国に対して実施するフォローアップ審査を通じた法律の制定・執行についての監視・助言も，各国法の実効性の向上を促していると考えられる。また，この意味で，OECD条約は，国際的な体制の基盤として機能していることがわかる。

2.3　国内法令の整備

　外国公務員に対する贈賄行為を取り締まるには，条約の締約各国が個別に国内法令を整備しなければならないことは，既に説明した通りである。OECD条約に基づき制定された国内法のうち，実効性が高いと考えられる法律として「米国の海外腐敗行為防止法（FCPA：Foreign Corrupt Practices Act）」「英国の贈収賄法（UKBA：United Kingdom Bribery Act）[34]」「ドイツの国際商取引における外国公務員贈賄防止法（ACIB：Act on Combating Bribery of Foreign Public Officials）[35]」などを挙げることができる。

　これらの各国法のなかでも，最も歴史があり，影響力も大きいとされるのがFCPAである。FCPAは，ビジネスを目的とした外国公務員への賄賂を世界で初めて禁止した国内法令で，1977年に米国で制定された。同法は，贈賄行為そのものを禁止する「贈賄禁止条項」と，贈賄行為を防止するための記録化を要求する「会計処理条項」の大きく2つの柱で構成され，さらに会計処理条項は「帳簿記録条項」と「内部統制条項」の2つから成る。

　贈賄禁止条項は，非常に広汎な種類の賄賂を禁止している。規制の対象と

33　OECD条約の加盟国では，1999年から2013年までに17ヶ国において333人の個人と111の法人が外国公務員贈賄罪で刑事罰を科され，個人のうち少なくとも87人は収監された。また少なくとも98人の個人と132の法人が海外腐敗行為に関連するその他の罪――マネーロンダリングや会計不正など――で刑事，民事，行政上の処分を受けた。OECD（2013b）。

34　UKBAは2010年に英国で制定された法律であり，一般の贈収賄に加え，第6条で独立に海外腐敗行為に関する規制を加えている。

35　ドイツでは1998年にACIBが成立し，海外腐敗行為を規制している。OECD Working Group on Bribery in International Business Transactions（2003），p. 5.

なる行為は「金銭の支払い，支払いの提案，支払いの約束，支払いの許可」だけでなく「なんらかの価値あるものの贈与，贈与の提案，贈与の約束，贈与の許可」も含まれる[36]。

これに対して，会計処理条項[37]は，贈賄行為を未然に防ぐための記録化を企業に徹底させるため，正確な帳簿記録の作成を求めている。これを帳簿記録条項という。さらに，正確な帳簿記録を行うための組織体制として，内部統制の構築も義務付けている。これが内部統制条項である。

このように，FCPA は，企業による海外腐敗行為を防止するために，3段階の規制を敷いている。つまり，贈賄行為そのものを禁止するにとどまらず，贈賄に伴って行われる会計不正を禁止し，さらには，会計不正が起きないように，組織の内部統制に対しても規制を加えている。

贈賄禁止条項の適用範囲は，次の3つの範疇に属する個人および団体となっている。要約すると「①米国で証券登録された企業およびその関係者[38]」「②米国人や米国企業およびその関係者（属人主義）[39]」そして「③米国内で行動

36　贈賄の手段として，現金の支払いが行われることもあれば旅費や高価な贈答品が贈られる場合もある。現金による支払いや経費の負担は，エージェントに対して渡される「コンサルティング料」や「手数料」として擬装されることもある。このように広範な形式で行われる贈賄行為を規制するために，FCPA では幅広い規制対象が設定されている。U. S. Department of Justice and the U. S. Securities and Exchange Commission（2012），p. 14.

37　FCPA 会計処理条項は，証券取引法第12条に従って SEC に証券登録を義務付けられている発行者，および第15条(d)で報告開示が義務付けられている発行者を適用対象としている。そのうち，ADR（米国預託証券）については，Level III と II がこの2つの義務を負うが，Level I は負わないこととなっている。Abikoff et al.（2014），pp. 44–48.

38　正確には「発行者」およびその職員，経営者，従業員，エージェントならびに株主である。発行者を適用対象とする1934年証券取引法のセクション30A は，FCPA 贈賄禁止条項（§78dd-1）を含んでいる。発行者とは，証券取引法セクション12のもとで，ある銘柄の証券を登録している企業，あるいはセクション15(d)のもとで SEC に対して定期報告やその他の報告を要求されている企業を指す。U. S. Department of Justice and the U. S. Securities and Exchange Commission（2012），pp. 42–45.

39　正確には「国内関係者」およびその職員，経営者，従業員，エージェントならびに株主である。国内関係者とは，合衆国市民，国民あるいは居住者のいずれかの個人であり，または合衆国，その州，領土，領地，自治領の法に基づいて組織された，あるいは合衆国に本社を置く企業，パートナーシップ，社団，ジョイント・カンパニー，ビジネストラスト，法律上の会社として組織されていない組織，あるいは単一のパートナーシップのいずれかである。外国人や外国の企業を含む，国内関係者を代表する職員，経営者，従業員，エージェントあるいは株主もまた，国内関係

する人や企業（属地主義）[40]」である。また，会計処理条項の適用対象は，上記の①に該当する「証券登録された企業およびその関係者」である。

　同法は，過去２度にわたって改正され，適用対象の拡大が図られている。一度目の改正は，1988 年に行われた。これは，FCPA があまりに厳格で，米国企業の国際競争力を損なっているとの批判を受けて行われた改正である[41]。このとき，各国企業にとって国際的な競争条件を等しくするという目的で，FCPA と同様の法律を諸外国においても法制化するように，OECD にて諸外国と交渉することを大統領に求めることとした[42]。こうして，米国主導のもとで，OECD 条約成立のための交渉が開始された[43]。

　そして，OECD における度重なる議論を経て，1997 年に OECD 条約が成立した。OECD 条約を批准する国は，国内において海外腐敗行為を犯罪化することが求められるようになった。その影響は大きく，現在は 44 ヶ国が同条約を批准している[44]。OECD 条約の規定を受け，米国では 1998 年に２度目の FCPA 改正が行われた[45]。この改正で，属地主義に加え，属人主義が採用され，適用対象の大幅な拡大が図られた[46]。

者となる。U. S. Department of Justice and the U. S. Securities and Exchange Commission (2012), p. 11.

40　正確には，発行者および国内関係者以外で合衆国の領土にある特定の人および企業である。これらを「国内行動主体」という。1998 年の改正以来，FCPA 贈賄禁止条項は，直接的あるいは間接的に不正な支払い（またはその申し出，約束，あるいは支払いの許可）における何らかの行為に従事する外国人や海外の非発行者に対して適用される。したがって，これらの個人もしくは団体を代表して行動する職員，経営者，従業員，エージェントあるいは株主も FCPA 贈賄禁止条項の対象となる。U. S. Department of Justice and the U. S. Securities and Exchange Commission (2012), p. 11.

41　Loughman & Sibery (2011), p. 12.

42　Loughman & Sibery (2011), p. 12.

43　Loughman & Sibery (2011), p. 12.

44　OECD (2012), p. 8.

45　この改正で FCPA の影響が及ぶ範囲が拡大し，米国企業に限らず多くの国の企業がその影響下に置かれることとなった。Loughman & Sibery (2011), p. 12.

46　第２次 FCPA 改正は，OECD 条約の批准に合わせ，条約の規定を米国内で実現する形で行われた。条約の第４条第２項に合わせ，米国企業および米国人が米国の領域外で行った行為についても，FCPA の規定が及ぶように改正された。さらに，法違反に対する刑罰規定の適用について，米国民と米国企業に雇われまたはその代理人として行動する外国人との間に存在していた内外格差も是正された。梅田 (2011), 23-24 頁。

ここで注意しなければならないのは，FCPA の属地主義が，通常の解釈と異なり，「拡大属地主義」とも呼ぶべき広範な解釈がなされ得ることである。そもそも属地主義とは，一定の条件に抵触する場合に「外国企業や外国人」による「国外における行為」であっても「米国内における行動」として扱うという考えである[47]。ここでいう拡大属地主義とは，この考えを拡張したものである。つまり，腐敗行為を実行するために，米国の電子送金・通信・交通手段などを用いた場合なども，米国内での行動として認められることになる[48]。したがって，日本企業の本社が，米国にサーバーを置く E メールを通じて，第三国における賄賂支払いに関して現地拠点と連絡を取った場合，この行為は米国内で行われたと解釈され，FCPA の適用対象となる[49]。

　もちろん，この条件を持ち出して実際に法を執行することは容易ではない[50]。しかし，その可能性を残すことで，FCPA は世界中の企業に対する抑止力を強化していると言える。

2.4　当局による執行

　FCPA の広範な適用対象を背景に，米国の執行当局である司法省（DOJ：Department of Justice）と証券取引委員会（SEC：Securities and Exchange

---

47　属地主義の適用要件には，広範な州際通商の概念に基づき「米国における郵便やその他の州際通信手段の利用」という要素が加えられており，通常の属地主義に比べて適用範囲が大幅に拡張されている。U. S. Department of Justice and the U. S. Securities and Exchange Commission (2012), p. 11.

48　国外において使用された電話，E メール，電報，ファックスなどの通信手段が，何らかの形で米国を経由する場合にも，不正な支払いを助長する行為だという理由から，FCPA の適用対象となる。U. S. Department of Justice and the U. S. Securities and Exchange Commission (2012), pp. 11.

49　例えば，日本企業がヨーロッパとアフリカにおける事業を担当する子会社をオランダで有している場合に，子会社のある役員が，ナイジェリアの公務員に対する不正な支払いを，従業員に対して承認したとする。その承認が，役員の米国出張中に E メールで送られたとすれば，この行為だけで，従業員はもちろん，役員とオランダ子会社も FCPA のもとでの法的責任を負う可能性が生じる。甲斐淑浩（2013），227-228 頁。

50　ナイジェリア事件では，丸紅を国内行動主体として起訴することも検討された。ただし，結果として，これは見送られ，共謀罪が適用されている。髙他（2012），5 頁。

Commission）は，外国企業に対しても容赦なく FCPA を執行している[51]。実際に，過去の支払額における上位 10 社を見ると，その多くが外国企業であり，サンクションはいずれも高額となっている（図表1-4 参照）。

図表 1-4　FCPA 執行による罰金・不当利益返還額トップ 10

	企業		制裁金額 （百万ドル）	年
1	Goldman Sachs Group Inc.	米国	3,300	2020
2	Airbus SE	オランダ／フランス	2,090	2020
3	Petróleo Brasileiro S.A. – Petrobras	ブラジル	1,780	2018
4	Telefonaktiebolaget LM Ericsson	スウェーデン	1,060	2019
5	Telia Company AB	スウェーデン	1,010	2017
6	MTS	ロシア	850	2019
7	Siemens	ドイツ	800	2008
8	VimpelCom	オランダ	790	2016
9	Alstom	フランス	770	2014
10	Société Générale S.A.	フランス	580	2018

出所：Cassin（2021）．

　違反した場合のサンクション（制裁金額）の規模もさることながら，違法行為が当局の捜査によって発覚する可能性が高まっていることも注視しなければならない[52]。DOJ と SEC は互いに捜査協力を行い，世界中の企業による海外腐敗行為の摘発に乗り出しているが，最近はそれぞれが新たな捜査手法と法執行ツールを駆使し，情報収集能力を飛躍的に向上させている[53]。

51　米国の FCPA は，DOJ と SEC に執行管轄権が委ねられている。DOJ は発行者の刑事責任について管轄権を有し，国内行動主体とその他の主体については，刑事・民事の管轄権を有している。一方，SEC は発行者の民事責任について管轄権を有している。U. S. Department of Justice and the U. S. Securities and Exchange Commission（2012），pp. 4-5.

52　高他（2012），1-24 頁。

53　DOJ は FCPA 違反に関する捜査で FBI とも協力する。FBI の国際的腐敗部門が FCPA の捜査任務を負っており，専門チームを有している。また，FBI の「国土安全保障部門」や「内国歳入庁犯罪捜査部門」も定期的に FCPA 違反の捜査を行っている。加えて「財務省外国資産管理局」などの機関も，海外腐敗行為と戦っている。U. S. Department of Justice and the U. S. Securities and Exchange Commission（2012），p. 5.

例えば，近年の DOJ は，FCPA 違反に関する情報収集手段として「起訴猶予合意（DPA：Deferred Prosecution Agreement）[54]」や「不起訴合意（NPA：Non-Prosecution Agreement）[55]」といった「起訴前合意[56]」と言われる法執行形態を積極的に活用している。DOJ による NPA および DPA による合意件数を見ると，2000 年代中盤以降に増加していることがわかる。さらに，その合意金額の推移を見ると，過去 20 年間に増加してきたことがわかる（図表 1-5）。

ここで注目したいのは，DPA や NPA の締結に際し，DOJ が企業に対して提示する条件に「当局への協力」が含まれている点である。企業は，裁判に基づく厳格な法執行を嫌い，起訴前合意を結ぶために積極的に捜査に協力し，犯罪情報を提供することになる[57]。したがって，社内で違法行為が発見された場合や，当局による捜査が開始された場合に，企業は速やかに当局に情報を提供すべきだと考えるようになる。必然的に当局は，企業の積極的な協力のもとで，効率的に情報を収集することができる[58]。近年では，SEC がFCPA を適用する際にも，起訴前合意を活用するケースが増えている[59]。

また，起訴前合意に達する前の段階で，当局が求刑する罰金額が算出され，これが企業に対して提示される。このときの金額算定は「組織に対する連邦

54　FCPA 執行において起訴前合意が行われる場合，ほとんどが DPA の形をとる。DPA が結ばれると，DOJ は裁判所に起訴状を提出すると同時に，訴追を延期すべきであることを答申するが，被告側は罰金を支払うなどの制裁は受ける。有罪答弁合意（Plea Agreement）の場合には有罪判決を受けるが，DPA の場合には有罪判決を避けることができる。Abikoff et al. (2014), p. 275.

55　NPA は，内容的には，DPA とほとんど同じである。大きな違いは，DPA の場合，裁判所に対し起訴状を提出するが，NPA の場合，起訴状は提出しない点にある。NPA では，DOJ と被告側だけとのやりとりであって，裁判所が関与することがない。Abikoff et al. (2014), p. 275.

56　起訴前合意は NPA および DPA の双方を指す。

57　DOJ の検察官は，法人の告訴を決断する際に，有罪判決の企業にもたらす帰結を慎重に検討し，起訴や告発以外の様々な法執行ツールを利用する。ツールを選択するうえでは，いかに効率的に捜査を進行させるかという点が重要となるが，なかでも NPA および DPA はもっとも強力かつ効果的なツールであるとされている。United States Congress House of Representatives (2009), p. 78.

58　ナイジェリア贈賄事件では，4 社のジョイント・ベンチャーが関わっていたが，DOJ によって最初に摘発された企業の CEO との司法取引をきっかけにして，4 社による犯罪の全容が漸進的に明らかにされている。髙他（2012），1–24 頁。

59　Abikoff et al. (2014), p. 275.

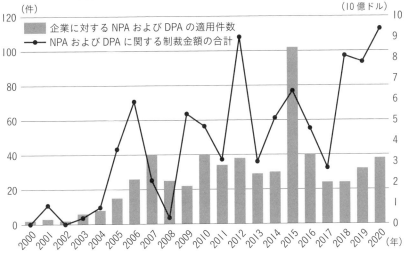

図表 1-5 米国における起訴前合意件数と制裁金額

出所：Gibson Dunn（2021）.

量刑ガイドライン」に基づいて行われるのが一般的である[60]。連邦量刑ガイドラインとは，DOJ が企業に対して罰金などの量刑を課す際に，自主的情報開示，捜査協力，改善措置など，予め定められた要件を考慮し，それらを満たす場合には，サンクションを軽減するという制度である[61]。したがって，連邦量刑ガイドラインに基づき，罰金額の範囲が決定され，それをもとに，当局と企業・個人の間で交渉が行われ，起訴前合意や司法取引合意が交わされることになる。

　これに加え，DOJ は先回り的な捜査手法である盗聴，ボディワイヤー，見張り，国境検閲なども駆使して，積極的な情報収集を行っている。こうした捜査手法はこれまで組織犯罪や薬物事件の捜査において主に利用されてきたものであるが，現在では贈収賄をはじめとするホワイトカラー犯罪の効果的な捜査手法として定着しており，今後も積極的に利用されることが確実だ

60　Abikoff et al.（2014），pp. 274–275.

61　U.S. Department of Justice（2008a），pp. 3–4.

と言われている[62]。

　一方で，SEC も独自の捜査手法を活用している。それは「インセンティ
ブ付内部告発制度」と呼ばれるものである。この制度は，違法行為に関連す
る重要な情報を提供した者に，サンクションの一部を報奨金として提供する
ものである[63]。FCPA 違反による罰金額が高額化していることは既に説明し
たが，このことは同時に，情報提供者が受け取る報奨金も高額化しているこ
とを意味する。こうした方法で関係者に対して強いインセンティブを与える
ことで，SEC は広く一般からの情報提供を促進している。

　さらに，DOJ と SEC は FCPA 関連の捜査において協力関係にある。この
ため，DOJ と SEC がそれぞれ独自の手法を用いて収集した情報は，当然，
互いに共有されることとなる。つまり，米国当局は，これらのツールや情報
共有を通じて，情報収集能力を飛躍的に高めているのである。

2.5　各国当局間の協力

　DOJ と SEC が新たな手法を用いて効率的に情報収集を行っているとはい
え，国外で行われる犯罪の情報を，彼らが単独で入手するには限界がある。
ここに海外腐敗行為の捜査における難しさがある。この問題を解決するため
に，各国当局は互いに捜査協力を行うようになっている。これに関して特に
注目すべきは，近年，米国当局と新興国当局の間でも，より積極的に協力関
係が構築されつつある点である。

　例えば，インドネシアにおける丸紅の FCPA 違反事件に関して，DOJ が
公表した以下のメッセージでは，米国，英国，スイス，インドネシアの当局
が互いに捜査協力を行い，情報共有を行なっていたことが明らかにされて

62　U. S. Department of Justice（2014a）.

63　ドッド＝フランク法 748 条のもとでは，内部通報者が連邦裁判所における起訴または行政訴訟
　の成功につながる「独自の情報」を提供し，それによって SEC が 100 万ドル以上の制裁金を徴
　収した場合，その内部告発者は，SEC より徴収額の 10%〜30% を報奨金として受領することが
　できる。こうした仕組みを構築し広範な情報を収集することで，市場の競争を阻害する要因を排
　除するという，米国政府の姿勢が見て取れる。髙他（2012），1-24 頁。

いる[64]。

　「この案件は，連邦捜査局（FBI）ワシントン事務局のエージェントが，コネチカットのFBIメリデン事務局の支援を受けて捜査を担当した。これに加え，担当部署はインドネシアの法執行機関である汚職撲滅委員会（KPK）とスイス検察局，および英国の重大不正監視局（SFO）の協力も受けている[65]。」

　また，当時のDOJ刑事局司法長官第一副次官補マーシャル・ミラー氏は，Global Investigation Review Programでの講演において，米国当局と海外当局との協力関係について，重要な発言をしている。

　「数年前までのDOJは，捜査のほとんどを外部の法律事務所に委託し，その報告を単に待つという態度をとっていた。しかし，近年，DOJの捜査手法は大きく変化している。確かに，DOJは捜査を進めるにあたって企業の捜査協力をひとつの手段として利用している。ただし，DOJの捜査は企業の内部調査に依存しているわけではなく，実際に企業の協力がなくとも難解な事件を解決している。今日，DOJ刑事局はこれまでに構築してきた海外の検察局，執行・規制機関などのパートナーとの協力関係を積極的に利用することで，海外に存在する証拠や証人に対してより簡単にアクセスできるようになっている。それは，海外のパートナーとこれまでにない規模で協力し，同一の事件や関連性のある事件に関する情報を共有しながら，海外のパートナーと並行して捜査に取り組んでいることによる[66]。」

　腐敗行為の実態を見れば，新興国では腐敗が蔓延し，しかも，これに国民

64　インドネシアの「タラハンプロジェクト」を巡って行われた丸紅の外国公務員贈賄事件に関する捜査協力である。U. S. Department of Justice Office of Public Affairs (2014b).
65　U. S. Department of Justice Office of Public Affairs (2014b).
66　U. S. Department of Justice Office of Public Affairs (2014a).

第Ⅰ章
グローバルリスクとしての
海外腐敗行為

が激しく非難の声をあげるようになっている。その非難は，当然，収賄側だけでなく，贈賄側にも向けられる。こうした変化を受け，新興国当局も，着実に捜査・起訴能力を強化している。起訴される企業関係者のなかには，先進国企業も含まれるため，米国当局などは新興国当局と協力関係を結ぶことで，当地における米企業や米上場企業の問題行動について，より早く，より正確な情報を入手できるようになっているのである。

2.6 新興国の腐敗防止体制

　海外腐敗行為の事実が，新興国当局の捜査によって発覚する可能性は，以前と比べて格段に高くなっている。それは，近年の新興国において，反腐敗の機運が高まっているからである[67]。特に，日本企業の進出先として人気の高いインドネシアや中国[68]，インド[69]における変化は著しい。

　例えば，インドネシアでは，過去の政権における腐敗防止活動が必ずしも全てが成功を収めてきたとは言えない。しかし，そのなかには大きな進歩が見られる。特に，KPK による国内の腐敗行為摘発の事例が現れていることは，インドネシアにおける腐敗防止体制の成功面として取り上げられるべきである。インドネシアにおける腐敗防止体制の発展は目覚ましいが，そのほとんどは KPK の功績に帰せられるべきだとも言われている。

　これまで，KPK はビジネスパーソンから警察官，政治家まであらゆる職務における腐敗行為の従事者を摘発してきたとされている。KPK による近年の実績を見ると，いずれも国家の政権の中枢に関わる大物政治家による腐敗行為を摘発しており，KPK が政権から独立して公正な法執行をするという姿勢が伺える[70]。先述の通り，KPK は国際的腐敗の問題について米英の当局と協力関係を構築している。この事実に鑑みれば，米英の当局は，KPK を通じて現地の情報を効率的に収集することができると言える。

67　Biegelman & Biegelman（2010），p. 188.
68　北島（2012），114–121 頁。
69　北島（2013），119–125 頁。
70　Biegelman & Biegelman（2010），p. 188.

またインドでは，外国企業が現地で事業を行ううえで，腐敗が依然として大きな障害となっていると言われている。これまでインドでは，腐敗行為を規制する「汚職防止法」が存在してはいたものの，これは収賄行為のみを対象とするものであった。したがって，贈賄行為については，正面から処罰対象としておらず，収賄側の教唆犯としてのみ処罰対象とされていた。しかし，2018 年に「改正汚職防止法[71]」が施行され，贈賄側の行為が独立した犯罪として扱われることとなり，また，腐敗防止における取締役責任および企業責任も創設された[72]。

　このように，インドでは汚職防止法の改正により贈賄側となる企業に対して規制が厳格化されたが，公務員が企業に不当な利益の提供を強制した場合，贈賄側の行為は処罰の対象にならないという免責の要件も規定されている。ただし，この免責を受けるには，不当な利益の提供から 7 日以内に，法執行当局または捜査当局に対し，その事実を報告することが条件となっている[73]。この条件は，贈賄側に対して，公務員への支払いの事実を当局に情報提供するよう動機付けるものと理解できる。

　また中国では，かつて腐敗体質が庶民の日常に蔓延し，ビジネスをはじめ「すべてはカネとコネ次第」とも言われていた。しかし，2013 年以来の習近平政権は「反腐敗闘争」を政策の中心に据え，その目標として「老虎蒼蠅一起打」すなわち「トラ（大物）もハエ（小物）も一網打尽にする」ことを掲げ，国内の腐敗防止体制を強化してきた[74]。特に，ビジネスに関連する贈収賄を「商業賄賂」と呼び，反不当競争防止法や刑法により禁止され，違反者には厳しい処罰が課されている。事実，英国の製薬会社グラクソ・スミスクライン（GSK）の中国現地法人は，現地医療機関の医師等に対して出張旅費・講演費の支払いや旅行のアレンジなどを通じた贈賄の罪で，2014 年に 30 億元

71　2018 年 7 月にインドの汚職について規律する「the Prevention of Corruption Act, 1988（汚職防止法）」を改正する「改正汚職防止法（the Prevention of Corruption（Amendment）Act, 2018）」が施行された。日本貿易振興機構ニューデリー事務所（2018），2 頁。
72　日本貿易振興機構ニューデリー事務所（2018），2-3 頁。
73　日本貿易振興機構ニューデリー事務所（2018），2 頁。
74　徳岡（2015），101-114 頁。

（約600億円）の罰金支払いを命じられた[75]。

　このように，インドや中国といった巨大市場をはじめとし，新興国では，政権が反腐敗を政策運営の中心に据え，その撲滅に向けて規制を強化してきた[76]。もっとも，米国当局が中国やインドとの間で包括的な捜査協力関係を構築しているかは定かではない。しかし，少なくともこれらの国で外国企業が腐敗行為に関与し，現地当局に摘発されれば，その事実は公となる。こうなれば，必然的に米国当局はその情報を入手することになる。したがって，新興国において腐敗防止体制が整備され，そこで国内外の企業が捜査を受け，摘発されれば，しかもそこにFCPAの管轄権が及ぶ企業が含まれていれば，米国当局も捜査を開始することになる。言い換えれば，これも，米国当局の情報収集能力を高めているわけである[77]。

3 ● 日本企業が腐敗防止に取り組むべき理由

　海外腐敗行為防止体制について「国際条約の成立」「国内法令の整備」「当局による執行」「各国当局間の協力」「新興国の腐敗防止体制」という5つの要素を検討することで，グローバルビジネスに環境変化が起きていることを確認した。この変化は，各国法執行当局の活動を，特に米国当局の腐敗防止活動を強力に後押ししている。企業側の立場から考えれば，新興国でのビジネスに大きなコンプライアンス・リスクが伴うことを理解することができる。

75　村上（2017）161–166頁。

76　近年の中国，アジア，ラテンアメリカ等の新興国における腐敗防止の強化は，国際社会の腐敗防止体制が強化されるなかで，新興国における腐敗の蔓延が投資先としてのリスクを高め，魅力を失わせることから，外圧として新興国が投資受け入れ国としての魅力を高めるための規制強化という側面もある。高橋（2021），115頁。

77　情報技術の進展により不正行為に関する情報の公開と伝達が偶発的に起こり得るようになっている点にも注意が必要である。具体例として，北朝鮮が関与したハッキングにより，ソニーの社内情報が流出し，ソニー・ピクチャーズエンタテインメント（SPE）がインド事業で不正入札やリベートなどの法律違反を犯していた事実が明らかになったことは，記憶に新しい。WikiLeaksのように匿名で機密情報を公開するウェブサイトも現れており，腐敗行為を常に監視している。このため，腐敗行為の事実を密室にとどめておくことが困難になっている。

とはいえ，こうした環境変化がそのまま日本企業にも当てはまるのだろうか。日本社会は，少子高齢化に伴う人口減少により，国内市場が縮小するという困難な状況に直面している。困難のなかで生き残りをかけて，多くの日本企業が新たな市場獲得を目指し，これまで以上に積極的に海外進出を進めている。その主たる進出先が，アジア市場である。

　アジア市場の魅力のひとつに，インフラ投資需要の急速な増大がある。アジアにおけるインフラ投資需要は，各国が3〜7%の成長率を維持した場合で，2015年から2030年までに23兆ドル，すなわち1年あたり1.5兆ドルにのぼると見積もられている。現状では，約8810億ドルの投資が毎年行われているが，それでも上に挙げた需要の一部しか満たすことができない[78]。この点において，インフラ技術に強みを持つ日本企業の進出先として，アジア市場の魅力は高まっていると言える。

　こうした状況を背景に，日本政府はインフラ輸出を金融面で強力に支援している[79]。これまでにも，2020年までに輸出額を2010年比で3倍の30兆円に増やす目標を掲げ，新興国向けの投融資を手掛ける国際協力銀行（JBIC）に，ハイリスク・インフラ案件への投融資を解禁するなど，日本企業による海外インフラ事業への進出を積極的に後押ししてきた。現在も「インフラシステム海外展開戦略2025」として，引き続き資金供給の進捗報告が続けられている。

　これを受け，日本企業も当然ながらアジア市場への進出を加速させてきた。日経平均採用銘柄の海外売上高比率はここ10年の間に急激に上昇し，現在では40%に近づいている。海外現地法人企業数や海外現地法人常時従業者数を見ても，ここ10年で1.5倍程度にまで増加している[80]。これら増加分のほとんどは，アジア地域への進出に占められている点に大きな特徴がある。

78　Asian Development Bank（2017），p. 5.

79　日本政府は2020年までにインフラ輸出額を30兆円と10年比で3倍に増やす目標を掲げ，新興国向けの投融資を手掛けるJBICに，比較的リスクの高いインフラ案件への投融資を解禁するなど，海外へのインフラ投融資を促進してきた。「インフラ輸出—日本，20年までに30兆円目標」『日本経済新聞』2015年7月5日，朝刊，3頁；「政府，国際協力銀に高リスク投融資，解禁，インフラ案件，企業のアジア進出後押し。」『日本経済新聞』2015年7月5日，朝刊，1頁。

80　日本企業の海外進出について，詳しくは第4章を参照のこと。

日本企業にとって，アジア進出は避けては通れない道になっている。

　インフラ事業においては，当然ながら，巨額の資金が動くことになる。しかもそこには，相手国の公務員や政治家が直接的・間接的に関わってくる。おおよそ予想がつくことであるが，そこには，海外腐敗行為の問題が出てくる可能性が高いと言える。言い換えれば，現在の日本企業は，腐敗行為が日常化する地域やビジネスに，より積極的に関わっていこうとしているわけだ。5つの要素において起きている変化を踏まえれば，これは，間違いなく日本企業にとって重大なリスクになっていると言ってよいだろう。

第 2 章

企業に求められる
海外腐敗行為防止

1 海外腐敗行為の代表的事例

1.1 シーメンスによる海外腐敗行為

　国際的な腐敗防止体制のなかでも，とりわけ大きな影響力を持つのが，米国の FCPA（海外腐敗行為防止法）である。FCPA は広範な適用範囲を持ち，違反企業に対して厳格な制裁を科す。したがって，コンプライアンスの視点から考えれば「FCPA にいかに対応するか」という点が，企業にとってリスク対応の試金石となっている。

　これまでに世界中で多くの企業が海外腐敗行為に関与し，FCPA 違反による摘発を受けてきた。なかでも代表的な事例に，ドイツ企業の「シーメンス」による贈賄事件がある。シーメンスは，グローバルにビジネスを展開する多国籍企業であるが，これまでに多くの国で，海外腐敗行為を繰り返してきたとされている。これに対し DOJ（米国司法省）と SEC（米国証券取引委員会）は，2008 年に同社を FCPA 違反の罪で摘発した。結果的に，シーメンスは DOJ との間で司法取引合意を結び，FCPA 会計処理条項違反として 4 億 4850 万ドルの罰金支払命令に応じることとなった[1]。また，SEC との間

では同意判決という形で和解に至り、FCPA違反を認めないながらも、3億5000万ドルの不当利益吐き出し命令に応じた。合計で8億ドルにものぼるこの制裁金額は、当時のFCPA執行史上で最高金額となった[2]。

DOJやSECは、司法取引合意や同意判決を通じて、企業による捜査協力を促すとともに、事件後の社内改革を促進する手段を講じている。シーメンスも事件発覚後、DOJとの間で司法取引を行い、その過程でコンプライアンス体制の見直しを含む大規模な内部統制の再構築に取り組んだ[3]。その意味では、同社の海外腐敗行為防止体制は、主にDOJとの司法取引に対応することを念頭に構築されたものと考えてよいだろう[4]。

ここでは、違法行為発覚後に、DOJとの司法取引を巡って、シーメンスが取り組んだ社内調査と内部統制改革について整理しておきたい。これを概観することで、国際的な海外腐敗行為防止体制において、企業に求められる腐敗防止の組織的対応がどのようなものであるかを理解することができるだろう。

1.2　海外腐敗行為の発覚と捜査協力

シーメンスによる贈賄事件発覚の発端は、2006年11月にさかのぼる。当時、ドイツのミュンヘン検察局が、シーメンスのCEOを含む多くの関係者による違法行為を認識し、自宅や事務所に対して家宅捜索を行った。その結果、同社が2億5700万ドルにものぼる疑わしい取引に手を染めていることが発覚した[5]。

1　U. S. Department of Justice（2008b）, pp. 8-39.

2　同社がドイツのミュンヘン検察局にも摘発・起訴された結果、米国とドイツで支払った罰金等の総額は16億5000万ドルに及んだ。Biegelman & Biegelman（2010）, p. 119.

3　Biegelman & Biegelman（2010）, p. 119.

4　SECとの間の裁判資料はシーメンスの内部統制に関しては沈黙しているものの、SECが合意判決に至る場合にも、行政手続過程において被審人と和解交渉を行い、内部統制システムの整備を行うことを条件とすることが多い。柿﨑（2005）, 78-79頁。今回のケースでは、DOJとの裁判でコンプライアンス体制改革がすでに明記されているため、SECとの裁判では再度言及する必要性がないことから、その内容をDOJとの裁判に委ねていると判断できる。

5　Biegelman & Biegelman（2010）, p. 110.

ドイツ当局による家宅捜索が行われたことで，シーメンスは事の重大さを察知した。そこで即座に，同社の社内監査委員会委員長，最高財務責任者（CFO），最高コンプライアンス責任者（CCO），その他の役員および外部監査人（KPMG）が，ドイツ当局と面会して捜査に協力することを誓約した。そのうえで，米国当局ともコンタクトをとり，情報開示と捜査協力を行う旨を打診した[6]。そこで当局から求められた具体的な対応は，①「捜査への継続的協力」，②「コンプライアンス体制の見直し」，③「モニタリング」の大きく3点にまとめられる[7]。

　まず，①「捜査への継続的協力」について，シーメンスは(1)司法取引において提示された罪を認めること，(2)司法取引において提示された処罰を受け入れること，(3)代理人を通じて当該案件に関する裁判所の出頭命令に応じること，(4)これ以上犯罪に関与しないこと，(5)裁判において常に正直であること，(6)当局の捜査に対して継続的に協力をすること，などが求められた[8]。

　次に，②「コンプライアンス体制の見直し」について，(1)付属資料[9]において示される基本的なコンプライアンスおよび倫理プログラムを維持すること，(2)上記のプログラムは国内および海外においてFCPAやその他の類似する腐敗防止法に対する違反を検知し，公正な帳簿および記録を保持するものでなければならないこと，(3)取引が経営者の権限のもとで遂行され，その記録を保持し，記録に対する説明責任を継続的に検証するにあたって十分な内部統制システムを構築しなければならないこと，などが求められた[10]。

　さらに，③「モニタリング」においては，継続的協力とガバナンス，コンプライアンスの効果的な体系が維持されていることを確認するために，独立モニターを4年間設置することが要求された[11]。

6　Biegelman & Biegelman（2010），p. 111.

7　藤野（2013），1-13頁。

8　藤野（2013），1-13頁。

9　付属資料1は司法取引の条件としてシーメンスが構築すべき内部統制システムとコンプライアンス・コードの内容に，付属資料2はシーメンスが4年間にわたってコンプライアンス体制を監視するモニターを設置することおよびモニターが取り組むべき内容に言及している。U. S. Department of Jusitce（2012），pp. 40-50.

10　藤野（2013），1-13頁。

11　藤野（2013），1-13頁。

第2章
企業に求められる
海外腐敗行為防止

シーメンスは，実際に各国当局との間で捜査協力を行うにあたり，まず社内調査を徹底し，情報収集を行った。具体的には，同社の社内監査委員会が，国際弁護士事務所 Debevoise & Plimpton（D&P）による協力のもと，全社的な内部調査に取り組むこととなった。手始めに，社内に「コンプライアンス捜査プロジェクトオフィス（POCI：Project Office Compliance Investigation）」を設立し，インタビューのスケジューリング，資料やデータ収集の技術的支援，および各国の法や規制に関する正確な情報を入手するための現地アドバイザーの採用など，社内調査のハンドリングにあたらせた[12]。

　POCI を中心とした社内調査は約 2 年にわたり，34 ヶ国にまたがる形で大規模に実施された。具体的には，シーメンスの従業員やその他の関係者に対して 1750 回のインタビューが実施され，従業員からも 800 件にのぼる報告があった。また，腐敗行為と関連のある情報を特定するため，8200 万件の資料に対する電子検索が行われ，そのうち 1400 万件の資料に対するレビュー，3800 万件の金融取引に対する分析，1000 万件の銀行記録のレビューなどが実施された。調査には，300 人以上の弁護士や公認会計士およびサポートスタッフが動員され，延べ 150 万時間にわたる調査を通じて，およそ 14 億ドルの報酬が支払われた[13]。

　また 2007 年 10 月には，情報収集を強化するために，全社的な「アムネスティ・プログラム」が設計・適用された。アムネスティ・プログラムは，従業員による社内調査への協力を引き出すために，社内で独自に設定された制度である。通常は，法令違反に手を染めた可能性がある場合に従業員が，自身の情報を会社や調査機関に提供するように求められた場合，その情報をもとに会社から処罰される危険性を感じ，情報提供をためらうだろう。アムネスティ・プログラムを利用すれば，会社に有益な情報を提供した従業員は，たとえ自らが違法行為に関与していたとしても，会社による一方的な解雇や損害賠償請求から保護される。これによって，従業員が安心して情報提供することが期待できるわけである。

12　Biegelman & Biegelman（2010），p. 112.
13　Biegelman & Biegelman（2010），p. 112.

その後，2008年4月には「リニエンシー・プログラム」が創設された。リニエンシー・プログラムに基づき，内部調査において重要人物とみなされた従業員に対して，懲戒の判断が行われた。このプログラムでは，アムネスティ・プログラムでは対象外となっていた上級経営幹部も対象とされ，より広範な調査が行われた。これらのプログラムは大いに奏功し，171名以上のシーメンス従業員が両プログラムを利用して会社に情報を提供し，これによってD&Pは新たな情報を得て，調査はさらに広範な領域へと展開した[14]。

　こうした大規模な調査を通じて，腐敗行為の背景にある広範かつ詳細な情報が収集された。その結果，世界中にあるシーメンスのグループ企業において，関係者が海外腐敗行為に手を染めていることが明らかとなった。

2　シーメンスのコンプライアンス体制

2.1　コンプライアンス体制の概要

　シーメンスは，内部調査を通じて得られた情報をもとに，米国当局との間で司法取引を進めるとともに，「コンプライアンス・カムバック」と呼ばれる社内改革に着手した。この改革は，コンプライアンス体制の再構築を図る目的で，次の3つのフェーズを通じて行われた。すなわち「①即座に独立した調査を行う外部の専門家を選任するとともにCEOやその他の経営幹部が『トップの姿勢（Tone from the Top)』によってコンプライアンスに関する意見表明を行うこと」「②包括的なコンプライアンス・プログラムを創設し実行すること」「③シーメンスが企業のコンプライアンスにおける『実質的なリーダー』となること」である[15]。

　シーメンスは，これら3つのステップを通じて改革を実現するべく，新たなコンプライアンス体制構築に乗り出した。手始めに，全社的なコンプライ

14　Biegelman & Biegelman（2010), p. 113.
15　Biegelman & Biegelman（2010), pp. 114–115.

アンス体制の基礎となる考えとして「コンプライアンス統制枠組み（CCF：Compliance Control Framework）」と呼ばれる枠組みを策定した[16]。この CCF に基づき，世界中のシーメンスの関連企業約 1000 社の全てにおいて，コンプライアンス方針の実施，統制および監査が統合的に行われることとなった。

　CCF は 11 の重点領域から構成されている（図表 2-1）。まず①「トップの姿勢」によって経営者のコンプライアンス方針を明確にする。トップの姿勢は②「コンプライアンス組織」を通じて実行される。そして③「ケース・トラッキング」を通じて組織の問題点をあぶり出し，システムにフィードバックさせることで，コンプライアンスの継続的な改善を図る。さらに④「ポリシーと訓練」を実施し，システムを運用する経営者や従業員のコンプライアンスに対する知識・能力の向上を図る。上記の①～④のプロセスは⑤「ビジネスパートナー」⑥「プロジェクト・ビジネスの入札と契約」⑦「贈答と接待」⑧「金融と会計」⑨「人事プロセスの統合」⑩「談合防止」⑪「M&A,

図表 2-1　シーメンスのコンプライアンス統制枠組み

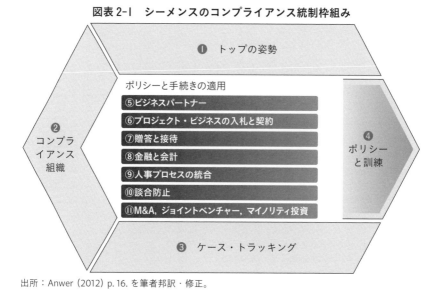

出所：Anwer（2012）p. 16. を筆者邦訳・修正。

16　Anwer（2012）, p. 12.

ジョイント・ベンチャー，マイノリティ投資」を対象として実行される[17]。

トップの姿勢において，経営者から示されるメッセージは「企業行動指針（BCG：Business Conduct Guidelines）」によって具体化される。BCGとは，シーメンスのコンプライアンスにおいて，関係者の行動原則を説明する指針である[18]。ただし，指針である以上，BCGはあくまで原則を示すにとどまり，詳細については取引別，業種別あるいは地域別に，個別ガイドラインが設定されている[19]。

個別ガイドラインでは，関係者が従うべきルールとして「コンプライアンス規則」が設定される。コンプライアンス規則の内容には「基本行動原則」「ビジネスパートナーや第三者の取り扱い」「会社資産の取り扱い」「情報の取り扱い」「環境・安全・健康」「不満やコメント」「コンプライアンスの適用とモニタリング」などがある。これら個々の対象ごとに，それぞれ独立にPDCAサイクルを実行すべく，BCGに基づくシステムが構築されている。

また一部の対象については，効率的にコンプライアンスを実行するため，ITツールが活用されている[20]。これらのツールでは「予防」「検知」「対応」の一連のサイクルから得られる情報をデータベースに蓄積することで，システムの改善やリスク・アセスメントの精度向上に活かされている（図表2-2）[21]。

シーメンスにおいて，コンプライアンス・システムの鍵を握るのは「リスクの早期発見」と「信頼性できるリスク分析」だとされている。これらを確実に実行するために，2012年に導入されたのが「コンプライアンスリスク評価（CRA：Compliance Risk Assessment）」と呼ばれるシステムである[22]。CRAは，社内規則とITツール，組織体制を通じて，コンプライアンス・

17　Anwer（2012），p. 12.
18　Siemens Global Website.
19　Anwer（2012），p. 12.
20　Anwer（2012），p. 15.
21　これらのガイドラインとITツールは，シーメンス・グループ全体における現地のマネジメントの要請に応える形で，シーメンスとPricewaterhouseCoopersのコンプライアンス専門家により共同で作成された。Anwer（2012），p. 15.
22　Siemens Global Website.

第2章
企業に求められる
海外腐敗行為防止

図表 2-2　コンプライアンス・システムのサイクル

予防	検知	対応
経営責任		
• リスク管理システム • 各種ルールとプロセス • トレーニングとコミュニケーション • アドバイスとサポート • 人事プロセスへの統合 • コレクティブアクション	• "Tell us" やオンブズマン等の外部通報手段 • コンプライアンスコントロール • 定期的なモニタリングとレビュー • コンプライアンス関連事例の記録 • コンプライアンス関連の不正疑惑調査	• 不正行為に対する措置 • 改善活動 • コンプライアンス関連の監査

出所：Karapidakis（2012）を筆者修正。

リスクの低減を図る統合的なリスクベースのシステムである。このツールを用いて，リスク・アセスメントやデューディリジェンスを行うことで，ビジネスの現場に隠れている潜在的なコンプライアンス・リスクを発見することができる。したがって，CRA は，本社を中心としたコンプライアンスと，海外を含めた現場のビジネスとを密接に関係付ける役割を果たしており，コンプライアンス上の効率的な意思決定を支援している[23]。

　ここでは，CRA のなかでも重要な役割を果たす「後援，寄付，会員，その他の無報酬の貢献」と「ビジネスパートナー」を取り上げ，それぞれについての詳細なシステムの内容を見ていくことにする。

2.2　後援，寄付，会員等

　シーメンスが 2006 年に開始した大規模な社内調査は，当局への捜査協力だけでなく，社内改革に向けた情報収集をすることにも，主たる目的があった。調査によって得られた情報を分析したところ，シーメンスのコンプライ

23　Siemens Global Website.

アンス体制には「資金」「銀行口座」「会計システム」の統制に弱点があることがわかった[24]。そこで，事件発覚後に組織された新経営陣は，すべての銀行口座の利用プロセスを本社で中央管理するとともに，現金・預金に対する会計統制を厳格化するための方針を定めた[25]。

　シーメンスは，現金・預金取引のなかでも，特に「後援」「寄付」「会員」「その他の無報酬の貢献」に関する取引は腐敗のリスクが高いと判断し，これらを全社的規制の対象として，統一的に管理することとした。具体的には，BCGに基づいて「スポンサー活動，寄付，会員権，ホスピタリティパッケージ，その他無償の寄付に関するガイドライン」を定め，これをシーメンスの本社およびその子会社に対して世界中で適用した[26]。

　このガイドラインは，まず「後援」「寄付」「会員」など，ガイドラインの対象となる取引を定義し，この定義に基づいて，取引に対する規則を定めている[27]。この規則に基づいて，全社的ITベースツールである「SpoDoM（スポドム）[28]」が設計され，運用されている。シーメンスの社員が，会社のお金を使って寄付等を行う場合には，オンラインでスポドムにアクセスし，認証を受けなければならない。

　特に2010年度以降は，ルールが強化され，根拠の明確でない寄付等を行う場合には，全てスポドムによる認証を通過しなければならないこととなっている[29]。また，寄付等以外に「寄贈」や「招待」といった行為も，ビジネス活動のなかで慣習的に行われるものであるが，これらも金額が過剰に大きい場合には，腐敗のリスクが高くなる。そこで，これらの行為についても，スポドムによる認証手続きが必要とされている[30]。

24　Biegelman & Biegelman（2010），p. 127.

25　Biegelman & Biegelman（2010），p. 127.

26　Siemens Global Website.

27　Karapidakis（2012），p. 27.

28　Sponsoring（後援），Donation（寄付），Membership（会員）の略である。

29　Siemens Global Website.

30　Siemens Global Website.

2.3 ビジネスパートナー

ビジネスパートナーの管理は，海外腐敗行為防止のコンプライアンスにおいて，鍵を握ると言っても良い。なぜなら，新興国・途上国における賄賂の受け渡しは，その9割がビジネスパートナーを介して行われていると言われるからである。FCPAをはじめとした各国の法律もこれを深刻視し，ビジネスパートナーやエージェントなどの第三者が行った贈賄についても，その第三者を採用した企業に責任があるとしている。したがって，腐敗防止のコンプライアンス体制においては，ビジネスパートナーを効果的に管理することが重要となる。

シーメンスでは，ビジネスパートナーと契約を結ぶ際に「コンプライアンス・デューディリジェンス（CDD：Compliance Due Diligence）」と呼ばれるITツールを用いた審査が行われる[31]。CDDでは，まず「ビジネスパートナー」の定義を明確化し，管理の対象を設定する必要がある。CDDの対象となるビジネスパートナーは「仲介業者」「再販業者」「流通業者」「ジョイント・ベンチャー・パートナー」「その他業種別の特定の取引相手」とされている[32]。これらのビジネスパートナーに対して，①「データ入力」②「リスク評価」③「デューディリジェンス質問票」④「承認・レビュー」⑤「契約」という5つのステップで，ビジネスパートナーの評価・選定から契約までを行う[33]。

第一の「データ入力」では，特定のビジネスパートナーとの間で，過去に契約が結ばれているかを確認し，新たなビジネスパートナーと契約する際には，契約相手のマスターデータを入力する。以降，入力されるデータは，全社的なデータベースと同期され，本社で一元的に管理される[34]。

第二の「リスク評価」では，一連の「レッドフラッグ質問」に回答するこ

---

31 Siemens (2011), pp. 5–12.

32 Siemens (2011), p. 5. なお，M&Aやサプライヤーに対してはそれぞれ "M&A Due Diligence" や "Supplier Evaluation Classification Process, Code of Conduct" といった別のシステムが適用されるためCDDの対象とはされていない。Siemens (2011), pp. 5–12.

33 Siemens (2011), pp. 5–12.

34 Siemens (2011), pp. 5–12.

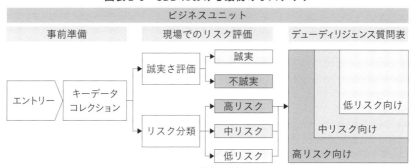

図表 2-3　CDD における最初の 3 ステップ

出所：Biegelman & Biegelman (2010) p. 133 に筆者加筆修正。

とで，相手と取引関係を結ぶことのリスクレベルを評価する。ここではレッ
ドフラッグ質問に組み込まれたスコアリング・システムが，質問への回答に
基づき取引相手との関係性のリスクを評価する。また，これに「誠実さ評価」
が組み合わされることで，最終的に「高」「中」「低」の 3 段階で，取引のリ
スクレベルが決定される[35]。

　第三の「デューディリジェンス質問票」では，上記の高中低 3 段階のリス
クレベルに応じて，異なる内容と分量の質問が提示される。一般に，リスク
レベルが高いほどより多くの情報が必要とされ，厳格な審査が行われる。な
お，ここまでのプロセスは，事業ユニットごとに行われる[36]。

　第四の「承認・レビュー」では，リスクレベルに応じて，契約を締結する
にあたっての組織の関与レベルが決定される。リスクレベルが高いほど，よ
り上位の立場の責任者による承認が必要となり，場合によっては経営者や外
部機関の関与が求められる。なお，承認のプロセスは，コンプライアンス部
門が担当する[37]。

　最後に「契約」である。ビジネスパートナーと関係が承認されれば，実際
に契約が結ばれることとなる。ここまでの一連のデューディリジェンスの結

35　Siemens (2011), pp. 5-12.

36　Siemens (2011), pp. 5-12.

37　Siemens (2011), pp. 5-12.

第 2 章
企業に求められる
海外腐敗行為防止

果は「CDD リスク・アセスメント・レポート」によって本社に報告され，記録される[38]。

3　海外腐敗行為防止のプロセス

3.1　企業体の拡大

　シーメンスのコンプライアンス体制改革を概観すると，海外腐敗行為防止において，国際社会が企業に求める取り組みが，いかに広範囲に及ぶものであるかを理解することができる。特に，寄付等やビジネスパートナーとの取引については，厳格な管理が求められていることから，企業は管理体制を拡大し，これらの取引相手との関係性を再構築していくことが求められよう。

　ここでは，このような変化を，コーポレートガバナンスの視点から企業体の拡大として理解することで，経営者のリスク認識の重要性を再確認しておきたい。そのためにまず，海外腐敗行為防止の内部統制をエージェンシー関係の観点から整理し，そのうえで企業体に関するコーポレートガバナンス論としての資金理論と，資金理論に対する現代的解釈を紹介する。この現代的資金理論の解釈をもとに，海外腐敗行為防止における企業体概念の拡大を分析することで，経営者のリスク認識に対してどのような意義を持つかを理解していく。

　まず，海外腐敗行為防止の内部統制において，企業とビジネスパートナーやサプライヤーなどの取引相手との関係をどのように捉えるべきか，検討しておきたい。これまで見てきたように，海外腐敗行為防止の内部統制は，取引相手に対してコンプライアンスに関する詳細なリスク・アセスメントとデューディリジェンスを実施するよう求めている。FCPA はビジネスパートナーを通じた企業の不正な支払いを厳格に禁止しているが[39]，海外腐敗行為

38　Siemens（2011），pp. 5-12.

39　U. S. Department of Justice and the U. S. Securities and Exchange Commission（2012），p. 21.

防止の内部統制は取引相手に資金を拠出する際に，資金の使途に関して企業が一定の責任を有するという前提に立ち，資金が不正な目的に供されないようコントロールすることを求めている。これは資金が後援や寄付等に使用される場合も同様である。

　また，サプライヤーに対しては元請企業と同程度のコンプライアンスを実行するよう要求しており，自己評価質問票を通じてサプライヤー自身の責任を明確化させている。シーメンスは資金の供与先である取引相手の資金の使途に対して積極的に関与する姿勢を見せているが，これは FCPA をはじめとする海外腐敗防止法制が，企業に対して取引相手を含めた内部統制の実施を要求していることによる。

　このように，企業活動の拡大とグローバル化に伴い，企業はさまざまな取引相手と関係を有するようになるが，企業は海外腐敗行為防止法制に基づき，それらの関係者の行為についても責任を課されている。このため，企業は内部統制の範囲を取引相手にまで拡大することが求められる。このように考えると，企業と取引相手との間に資金の供与に伴うエージェンシー関係が存在していることが認められる。なお，エージェンシー関係とは，プリンシパルがエージェントに対して自らの利益になるように行動させるべく雇用し，その際に権限を委譲させるように交わす契約関係をいう[40]。

　これまでは，エージェンシー関係といえば「プリンシパルは株主，エージェントは経営者である」とされてきた[41]。こうした見方は「所有と経営の分離」に基づく株主と経営者との間における資金の委託受託関係に基づくが，近年では証券市場の発達に伴ってエージェンシー関係が以前よりも複雑に構成されるようになっている。例えば，米国企業の株式所有は保険契約者，年金受給者，ミューチュアルファンドへの投資家に対する信認義務を課せられた機関投資家に集中しており，究極の受益者は金融機関からなる新しいエージェント層が所有する投資先企業からますます引き離されていると言われる[42]。この意味で個人投資家，機関投資家および企業との間に2重3重のエージェ

40　Jensen & Meckling（1976），pp. 305-360.
41　小山（1990），1-18頁。
42　今福（2009），103-106頁。

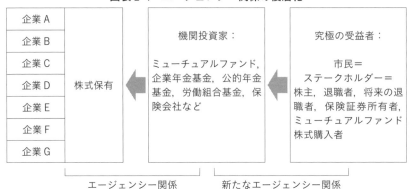

図表 2-4　エージェンシー関係の複層化

企業 A			
企業 B	株式保有	機関投資家： ミューチュアルファンド，企業年金基金，公的年金基金，労働組合基金，保険会社など	究極の受益者： 市民＝ ステークホルダー＝ 株主，退職者，将来の退職者，保険証券所有者，ミューチュアルファンド株式購入者
企業 C			
企業 D			
企業 E			
企業 F			
企業 G			

エージェンシー関係　　　　　新たなエージェンシー関係

出所：今福（2009）110 頁を筆者一部修正。

ンシー関係が発生している[43]。このような現象は「エージェンシー関係の複層化」として捉えられている（図表2-4）。

　このエージェンシー関係の複層化という視点を，海外腐敗行為防止の内部統制に当てはめてみるとき，新たな展開を確認することができる。そもそも，企業がビジネスパートナーなどの第三者を介して取引を行う際には，これらの第三者に資金を供与することになる。このとき，企業と第三者との間にはエージェンシー関係が生まれていると理解することができる。特に，海外腐敗行為防止の内部統制は，この第三者とのエージェンシー関係を積極的に認識している。この意味で，FCPAのもとではエージェンシー関係が資金の提供先へと展開しており，新たなエージェンシー関係の複層化が起きていることが理解できる（図表2-5）。

　ここでは，このような新たなエージェンシー関係の複層化を念頭におきながら，海外腐敗行為防止の内部統制について「資金理論（Fund Theory）」を用いて，コーポレートガバナンス上の新たな問題としての「企業体概念の拡張」を検討していきたい。資金理論は Vatter（1947）によって示された考え方である。この理論は，会計学において，資金の概念を中心に企業体概念の

43　今福（2009），6 頁。

図表2-5　新たなエージェンシー関係の複層化

ビジネス
パートナー

サプライヤー

寄付等

企業

機関投資家

受益者

受益者

新たなエージェンシー関係の認識

出所：筆者作成。

再構成を提唱したものであるが，ここでは，これをコンプライアンス上の内部統制の議論に応用してみたい。

　資金理論では，企業体の単位を考えるにあたり，それが①「人格的な意味を持たない単位」であり，②「その境界がどこに存在するのかその位置を明らかにするぐらい明確なもの」でなければならず，また③「さまざまの組織の形態およびいろいろ異なった経営活動にも適用されるもの」でなければならないし，④「会計が達成するように期待された手続きや結果に明確な関連をもった単位」でなければならないとして，そのような単位は資金の概念のなかに見出すことができると主張されている[44]。

3.2　経営者の信認義務

　資金理論は「企業体論」というコーポレートガバナンスにとって根本的な議論に改めて光を当てるものである。従来，企業体論においては，会社の本質とは何かという問いをめぐって「法人名目説」と「法人実在説」の2つの

---

[44]　Vatter（1947）。なお，資金の流れを中心としてビジネスを捉えるという考えは，日本でも染谷（1956）や鎌田（1995）などに影響を与え，現代ではキャッシュフロー計算書の導入という形で実現している。

主張がなされてきた[45]。企業の実体をめぐるこれらの主張の対立は，会社を2層構造として捉えることによって議論が決着する。つまり，会社は「株主によって所有される株式」すなわち「モノ」としての側面と「会社資産を所有する法人」という「ヒト」としての側面の両方を併せ持っており，法人名目説と法人実在説はこれらの2つの側面にそれぞれ焦点を当てた主張と言える。会社が2層構造であると考えるとこれらの考え方はいずれも正しく，両者が相互補完的な関係にある理論であると言える[46]。

　ちなみに，会社の本質をめぐる議論は，会計学の範疇では会計主体論として捉えられる。会計学においては会計に対する利害関係者の要請とそれに対する会計の目的に関連して，資本主理論と企業実体論が対立する理論として取り上げられてきた。会社を2層構造として捉えることで法人名目説と法人実在説が統合されるならば，会計主体論における資本主理論と企業実体論の論争も同様に解決されるはずである。すなわち，資金の流れに基づいて会社を考える場合，会計主体論から人格的な要素を排除することにより，会社を株主，投資家やその他のステークホルダーからなるひとつの自律的な存在として捉えることが可能となる。

　このように考えると，資金理論の現代的な意義は，企業経営者が会社経営体として導かれる点にあることがわかる[47]。Vatter（1947）は会計理論を構築するにあたり，証券市場における流動性の高まりに着目し，会計は現在の株主のみを想定するのではなく，投資家一般を想定するべきであるとした[48]。すなわち，投資家と経営者の間にはエージェンシー関係が存在し，経営者のビジネスにおいて生じるリスクを，コーポレートガバナンスによってコントロールすることが求められるわけである。この考えは「エージェンシー理論」と呼ばれる。

　エージェンシー理論の前提にあるのは，所有と経営の分離であるが，これをステークホルダー主義の視点から捉えるとすれば，ここから「会社経営体」

45　岩井（2005），14-43頁。
46　岩井（2005），14-43頁。
47　今福（2009），8頁。
48　今福（2009），8頁。

の存在が導出される[49]。会社経営体とは情報センターあるいは管理機関として位置付けられ，さまざまな種類株からなる投資家，長短期の債権者や，財・サービスの提供者，政府その他の統制機関，従業員，競争者や関連企業などを一致共同してまとめあげるものである[50]。

現代の企業は自律性を持つ企業体として存在し，経営者は企業体を巡るステークホルダーの利害を調整する役割を果たす。このような企業体の経営者は，企業に関係するさまざまなステークホルダーを企業体に内包される存在として捉え，資金理論を通じてそれらをコーポレートガバナンスの対象に取り込むことになるが，このような考えに照らして海外腐敗行為防止の内部統制を検討すると，企業体概念の新たな展開が描き出される。

海外腐敗行為防止の内部統制は取引相手の活動がステークホルダーの自社に対する信頼性に影響しているという考えに基づいている。これは自社から契約相手に流れた資金が自社の目的とは異なる用途に供された場合，自社の信頼性が傷つけられてしまうという考えに基づいている。つまり，自社のコンプライアンスの適正性を確保するには，内部統制の対象について契約相手企業を含めて捉えなければならないということである。

したがって，海外腐敗行為防止法制に基づいて認識される新たなエージェンシー関係の複層化は，寄付等やビジネスパートナー，サプライヤーなど，従来は企業体の外延にあると考えられていた第三者を企業体に内包される存在と捉えることを促す。海外腐敗行為防止法制が内部統制の構築を企業に対して義務付け，内部統制構築義務の懈怠に対しても制裁を加えるという姿勢を堅持することを踏まえると，海外腐敗行為防止法制が企業体概念を拡張させて捉えていることは明らかであろう。

このような企業体概念の拡張は，内部統制上のリスク認識における新たな対象を浮き彫りにする。企業活動を内部統制の対象とするには，まずその活動が企業にとってのリスクであると認識されることが前提となる。こうした視点に立つならば，海外腐敗行為防止法制によって拡張された企業体概念は，

49　今福（2009），8頁。
50　今福（2009），8頁。

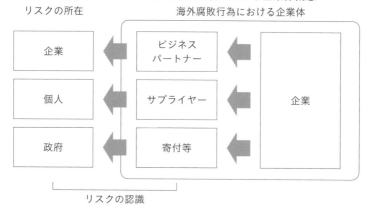

図表 2-6 海外腐敗行為防止法制における企業体概念

リスクの所在　　　　　　　海外腐敗行為における企業体

企業	←	ビジネス パートナー	←	
個人	←	サプライヤー	←	企業
政府	←	寄付等	←	

リスクの認識

出所：筆者作成。

　寄付等の相手やビジネスパートナー，サプライヤーなどの取引相手による行為についても内部統制上のリスクとして認識し，内部統制のプロセスに取り込むという方向性を示唆していることがわかる（図表2-6）。

　もちろん，企業体概念の拡張という，コーポレートガバナンス上の変化を受け入れ，それを企業経営へとフィードバックさせる役割を担うのは経営者である。この時，経営者がとるべき最も重要な対応は「リスクベース・アプローチ」を真剣に進めることである。リスクベースの取り組みを実現するには，内部統制を抜本的に改革する必要があるが，その最も基礎となるのが，拡張された企業体の先に存在する，新たなリスクを認識することである。

　とはいえ，海外腐敗行為防止において，リスクを正確に認識し，それを内部統制の構築・運用へと活かすのは，容易なことではない。なぜなら，後述する通り，日本企業を取り巻く経営環境を概観しても，経営者の内部統制構築・運用を支援する体制が十分ではないからである。このため，往々にして企業は，当局に摘発されて改革を命ぜられるまでは，海外腐敗行為のリスクを本格的に認識し，それに対応しようとする動機に乏しく，改革に真剣に取り組むこともない。

　しかし，当局の指示のもとに行われる改革というのは，あくまで外部の力

によって強制的に引き起こされる「非自発的」な改革である。これでは，自律的なマネジメントが行われていると言えないし，組織に自浄作用が働いているとも言えない。

　そこで今，日本企業の経営者に求められるのは，リスクベース・アプローチが持つ合理性を理解し，上述の変化をマネジメントの力で自発的に引き起こすことである。そのための鍵となるのは，グローバル社会の現実と経営者の認識との間に存在するギャップを埋めること，すなわち，海外腐敗行為のリスクを正確に認識することである。

3.3　リスクベース・アプローチ

　ここで今一度，シーメンスの取り組みを振り返りながら，企業に求められる海外腐敗行為防止のコンプライアンス体制を整理しておきたい。まず「経営トップの姿勢」で，経営者の意思として腐敗防止のメッセージを公表し，これをもとに BCG で腐敗防止の原則を確立させる。次に BCG に基づき，現場レベルでの対応を行うための個別ガイドラインを設け，これをもとにコンプライアンス・システムを構築する。前節で「寄付」その他の取引や「ビジネスパートナーとの契約」などを取り上げて紹介した通り，シーメンスは IT ベース・ツールを積極的に用いて，不正行為をできる限り未然に防止するとともに，コンプライアンス・リスクのコントロールについて合理的保証が得られるよう，情報収集を徹底している。

　この他にも，ヘルプデスクやオンブズマン制度を設けることで，不正の可能性をできるだけ早期に検知するように努めている。不正が発覚した場合には，部分的な改善や，構造的な改善を実行すると同時に，不正行為のケースをデータベースに記録し，システムの継続的な見直しに役立てられる。また，経営者や従業員を対象としたトレーニングの実施，コンプライアンス・ヘルプデスクの設置，基金の設立による外部コンプライアンス関連機関の支援なども積極的に行われている。

　このように，シーメンスは海外腐敗行為が当局に発覚した直後に，大規模なコンプライアンス・システムの改革に取り組んだ。さまざまな地域・取引・

事業領域における腐敗リスクに対応すべく，リスクアセスメント・システムとデューディリジェンス・システムを中心とした，体系的な内部統制システムを構築している。この改革について，DOJ は「シーメンスの是正努力は並外れたものであり，多国籍企業が見習うべき高い基準を打ち立てた[51]」と極めて高く評価している。実際に，シーメンスが構築した腐敗防止の内部統制は，以降，世界中の企業にとって，海外腐敗行為防止のベストプラクティスに位置付けられる[52]。事実，これが基礎となって，後々多くの企業において腐敗防止の内部統制が構築されてきた。

　現在では，世界中の企業に対して，OECD 条約や米国法の影響を受けて展開してきた各国の規制当局が定めるルールにより，海外腐敗行為防止の内部統制構築が求められている[53]。国際社会が企業に求める内部統制のあり方は，これまで，主に米国当局の発行するガイドラインをもとに，規範的な内部統制のモデルによって示されてきた[54]。またそれらは日本企業向けにもアレンジされている[55]。シーメンスのケースを参考にしながら，このモデルを整理・単純化すると，主に次の 4 つのプロセスに集約することができる（図表 2-7）。

　このように，リスク認識を出発点として，リスクに基づく合理的な対応を行うことを「リスクベース・アプローチ」と呼ぶ。国際社会による海外腐敗

図表 2-7　海外腐敗行為防止の取り組みにおける 4 段階

実践プロセス	内容
リスク認識	海外腐敗行為のリスクを評価して経営上の対応方針を示す。
規程類作成	社内規程の作成やデューディリジェンスの枠組構築をする。
体制整備	規程類を効果的に運用するための組織体制を整備する。
モニタリング	規程類の運用状況を定期的かつ継続的に監査する。

出所：筆者作成。

51　Biegelman & Biegelman（2010），p. 138.

52　Biegelman & Biegelman（2010），pp. 114–115.

53　中原（1978a），163–186 頁；柿﨑（2005），36–37 頁；Abikoff et al.（2014）．

54　Biegelman & Biegelman（2010）; Abikoff et al.（2014）.

55　髙（2014）；國廣他（2015）。

行為防止の規制強化を背景に，企業では法務・コンプライアンス部門を中心に，海外腐敗行為への関与を防止するために，リスクベース・アプローチに基づく内部統制の強化が求められている。本書では，海外腐敗行為防止のリスクベース・アプローチを，上記4つのプロセスで理解し，これをもとに日本企業の海外腐敗行為防止の動向を分析していく。

グローバルビジネスにおける「制度のすきま」と「コンプラ断絶」

1 ● 「制度のすきま」が引き起こす問題

1.1　制度のすきまと海外腐敗行為

　シーメンスに代表される腐敗防止のベストプラクティスは，企業の内部統制改革において，目指すべき重要な方向である。とはいえ，本社が主導して，グローバルレベルで全社的な改革を実現するのは，容易なことではない。その理由のひとつに，海外腐敗行為を巡る法制度と商慣習の間に存在する大きなギャップが挙げられる。このギャップが足かせとなり，本社主導のコンプライアンス体制改革がつまずくことも多い。

　そもそも，新興国に進出する企業には「国際社会の規範」と「新興国の商慣習」という異質な制度をまたいだ組織運営が求められている。ここでいう国際社会の規範とは，主に米国主導で締結された OECD 条約と，その影響下にある先進諸国の国内法令により形成されるもので，これが海外での企業行動に規律を与えている[1]。

1　森下（2012），45-67 頁。

他方，新興国の商慣習とは，企業の進出先となる新興国・途上国において，国際社会の規範とは異なる形で独自に形成されている慣習である。一部の新興諸国では，腐敗防止専門当局が設置され，捜査・摘発が強化されつつあるものの[2]，贈収賄をはじめとした不正行為が民主主義的な「法の支配」を歪めることで，企業行動に対する規律を無力化しており，腐敗の根絶には未だ程遠い[3]。

こうした状況を受けて，国際社会は，新興国における企業行動に対し，先進国の国内法令を域外適用することで，規律を維持しようとしているわけである。つまり，先進国が国内法令を海外拠点の取引に適用することで，新興国における企業の腐敗行為に制裁を加える。これにより，日本企業においても，海外腐敗行為に関与すれば，法令違反により損害がもたらされるリスクがあることは，すでに第1章で確認した通りである。

しかし，後の章で確認する通り，一部の日本企業は，リスクを合理的にコントロールしようとはせずに，問題を「見て見ぬ振り」するような機会主義的反応を示していると考えられる。このため，先進国の域外適用法令が，新興国で正しく機能せず，国際社会の規範が改めて無力化される可能性がある。この問題の背景にあるのは「先進国主導による国際社会の規範」と「途上国で地域的正当性を得た商慣習」が互いに矛盾するために[4]，両者の間に「制度のすきま（Institutional Void）[5]」が生じるという問題である[6]。

制度のすきまは，本来，新興国市場のように，効率的な取引を成立させる市場環境が整っていない状況を指す[7]。制度のすきまにおいては，固有の歴史，政治，法律，経済，文化的要因によって取引コストや業務上の障壁が高くなる。これらの要因をもとに市場構造を理解し，戦略とその実行方法を調整することで，失敗を回避するとともに，競争優位を確立するという戦略論的発想につながる。本書では，こうした議論を，国際経営を巡る組織論的視点へ

2　Loughman & Sibery（2011），p. 225-294；森下（2013），31-101 頁；村上（2015），219-249 頁。

3　Rose-Ackerman & Palifka（2016）．

4　DeGeorge, R.（1993）．

5　Khanna & Palepu（2010）．

6　Iriyama et al.（2016），pp. 2152-2173.

7　Kanna & Palepu（2010）．

と敷衍するため，制度のすきまを「先進国と新興国・途上国という異なる制度にはさまれた経営環境」として定義する。

　制度のすきまに挟まれた企業の経営実務では，本社の法務・コンプライアンス部門と海外拠点の現場との間で「情報や理解の断絶」すなわち「コンプライアンス上の断絶（コンプラ断絶）」が生じると考えられる[8]。本章では，実務上の課題であるコンプラ断絶に対し，制度のすきまという経営学上の現象を重ね合わせることで，海外腐敗行為を企業経営における構造的問題として理解するとともに，そこから導かれる経営上の問題を理論的に理解し，それをもとに第4章以降の分析に用いるフレームワークを構築する。

1.2　新興国におけるビジネスの実態

　昨今，国際社会における反腐敗の機運が高まるにつれ，多くの企業が，ベストプラクティスにならって内部統制を構築しようと努力している。しかし，ベストプラクティスを参考にした内部統制が必ずしも正しく機能しているとは限らない。とりわけ，日本企業における海外腐敗行為防止の内部統制は，運用面において困難を抱えることが多い。なぜなら，日本企業が海外腐敗行為のリスクに直面するのは，主に，新興国・途上国に進出して現地でビジネスを展開する場合であるものの，実際の進出先の現場は，本社側の想定する内部統制の統制環境と大きく異なっているため，制度のすきまに陥ってしまうからである。この点について，インドを例に取り上げ，現実の状況を確認しておきたい。

　インドはアジア・太平洋地域のなかでも，とりわけ腐敗の蔓延が深刻化していると言われる。トランスペアレンシー・インターナショナルの公表する腐敗認識指数（CPI：Corruption Perceptions Index）の2021年版では，スコアが40となっており，日本の73と比べると極めて低く，事態が深刻であることがわかる[9]。実際に，インドでは行政サービスを受ける際に「公務員に

8　Hummingbird Advisories の佐藤剛己氏が提唱する概念である。佐藤（2020），50-53頁。

9　Transparency International（2022），p. 2.

図表 3-1　デリー市役所との公共事業契約におけるコミッションの金額

行政側の担当者	コミッションの額
工事を監督する公共事業部の担当職員	1.0%
上記担当職員の部下	0.5%
経理部担当者	1.0%
雑用係ら	その他

出所：Oldenburg (1987) p. 109. をもとに筆者作成。

賄賂を支払った経験がある」という人が70％にものぼり，アジア・太平洋地域で最も腐敗の少ない日本が0.2％であったのとは対照的である[10]。

その理由として，インドでは厳格な官僚組織が存在する点や，税務手続や許認可手続が複雑である点が挙げられる。行政手続が複雑であるが故に，その過程で多くの公務員と関わることになり，手続を迅速化させるために，公務員に対する金品の供与が慣習化しているわけだ[11]。例えば，デリー市役所における公共事業契約のケースでは，通常，契約金総額の2.5％以上を「コミッション」として公務員に支払うことが慣例になっていると言われる（図表3-1）。

もちろん，こうした腐敗行為が全く野放しにされているわけではない。インドでは「汚職防止法（PCA：Prevention of Corruption Act）」が贈賄罪を規定しており，公務員の収賄行為を教唆または幇助した者は，6ヶ月以上5年以下の禁固刑又は罰金刑に処せられることになる。また「外国献金規制法（FCRA：Foreign Contribution Regulation Act）」は，インド公務員が外国企業のインド子会社を含む外国資本から献金等の提供を受けることを禁止しており，公務員のFCRA違反を幇助した者も処罰される[12]。

しかし，問題はこれらの法を執行する当局そのものが腐敗していることである。インドでは，警察官はもちろん，検察官や裁判官を買収することすら

10　Goswami (2017).

11　村上（2015），359頁。

12　ベーカー＆マッケンジー法律事務所・デロイト トーマツ ファイナンシャル アドバイザリー（2013），218頁。

可能だと言われる。裁判所の事務官や門番までもが，賄賂の供与を斡旋することもある[13]。このため，国内の腐敗防止法制が十分に機能しているとは考えられない。

　また，上に挙げた裁判所における門番や事務官のように，贈賄側と収賄側の間には，賄賂の支払いを斡旋する仲介者として「エージェント」や「コンサルタント」などの第三者が存在している。仮に公務員が賄賂を求めていなくとも，これらの第三者が嘘をつき，企業に不当な支払いを要求することもある。その逆に，企業側が意図しなくても，第三者が勝手に公務員に賄賂を渡して，取引を成立させようとする可能性もある。取引に介入する第三者の数が多くなればなるほど，このような腐敗行為が起きる可能性は高くなる。

　このような状況のなかでビジネスをしようとすれば，企業としては，どうしても腐敗に手を染めざるを得なくなる。なぜなら，公務員に賄賂を払わなければ行政サービスも満足に受けられないため，ビジネスの継続が事実上不可能になることもあり得るからである。したがって，インドのような腐敗の蔓延する地域に進出する日本企業が，社内ルールで賄賂支払いを禁止したところで，現地社員の支払いを抑止するのは難しいと言わざるを得ないだろう[14]。

　そこで，公務員への直接の支払いや寄付・贈答を行う場合や，コンサルタントやエージェントを雇用する場合には，リスクベース・アプローチに則り，取引のデューディリジェンスを実施し，彼らのリスクの大きさを把握しておく必要がある。デューディリジェンスにはいくつかのステップがあるが，まずは取引のリスクを洗い出すことから始めなければならない[15]。この点においても，現地で行われているビジネスの正確な情報を把握することが重要となる。

13　Oldenburg (1987), p. 112.

14　近年インドでも腐敗防止体制に大きな動きが見られる。2013 年にロクパル・ロカユクタ法（Lokpal and Lokayuktas Act 2013）が制定され，2014 年に施行された。同法のもとで「ロクパル（Lokpal）」という贈収賄専門の独立機関が捜査・執行を行う。各州においても「ロカユクタ（Lokayuktas）」という同様の機関が設置される。これらの機関は，検察官の代わりに特別判事に対し訴追を行うことが認められている。Banerjee (2016).

15　藤野・高（2016），22-27 頁。

ただし，このような情報収集活動を，企業が独力で実施するには限界がある。日本企業の場合，進出先の駐在員事務所に専任の法務スタッフやコンプライアンス・スタッフが常駐していない場合も多い。とりわけ規模の小さい会社では，現地の日本人スタッフが営業，人事，経理，法務など複数の役割を一人でこなしている場合もあるため，本格的な調査活動の展開は困難である。とは言え，限られた人数の本社スタッフが各国の腐敗の実態をくまなく調査するのは現実的ではないし，何より現地スタッフの反発を受けることもある。

　こうした状況のなかで，社内ルールを設定して公務員への支払いを形式的に禁止したとしても，そうしたルールが現地で受け入れられるとは限らない。画一的なルールを現場に押し付けようとすれば，現地社員は公務員への支払いを本社に対して隠すようになるだけである。すると，現地の正確な情報が本社に上がってこなくなるため，正確なリスク情報の収集が困難となり，記録保持も不徹底となってしまう。コンプライアンスの観点から見れば，日本企業にとってが腐敗の蔓延する地域でビジネスを展開するのは際に，コンプライアンス上のさまざまな困難に直面することがわかる。

1.3　制度のすきまが引き起こすコンプラ断絶

　新興国・途上国では，ファシリテーション・ペイメントのような行政的腐敗が慣習化しているとは言え，現地の商慣習にしたがって賄賂の支払いを続ければ——特にそうした行為が常態化するようになれば——一部の従業員が深刻な違法行為を犯して当局から摘発される可能性もある。そうなれば，企業に多大な損害がもたらされることは，すでに第1章で説明した通りである。そこで企業には，海外腐敗行為を防止するため，リスクベース・アプローチに基づく管理体制の構築が求められるわけである。

　多くの企業は，海外腐敗行為防止の管理体制を構築するにあたって，米国法への準拠や，日本の国内法への準拠など，あくまで先進諸国の法令に準拠することを，リスク管理上の最優先課題と位置付けている。しかし，本社が先進国法令に基づくベストプラクティスを参考に海外拠点管理を実行した場

合に，グローバルな全社組織の内部において，いかなる関係性の変化が起きるかについては，これまで十分に明らかにされてこなかった。つまり，米国の主導する「国際社会の規範」と進出先の現地に存在する「新興国の商慣習」との間に生じる制度のすきまや，それがグループ経営の組織内部に生み出す問題について，十分考慮に入れてこなかったと言える。

しかし実際には，制度のすきまが生じているなかで，こうしたベストプラクティスを海外拠点管理に適用しようとする場合，それが現場の商慣習との間でジレンマを引き起こす可能性や，ジレンマが本社に対する情報伝達を阻害する可能性がある。これらの問題は前述の「コンプラ断絶」であり，ここでは，これをエージェンシー理論の観点から分析することで，制度のすきまに直面した企業が海外腐敗行為を防止する際に組織的課題が生じるメカニズムを，モデルとして精緻化しておきたい。

従来，日本企業は「海外腐敗行為の防止に向けた対応が遅れている」という問題を抱えてきた。とりわけ，日本企業を取り巻く経営環境を，主に米国のそれと比較すると，日本企業の防止体制が機能しない原因として「リスクを正確に評価していない」「リスクに合理的に対応していない」といった組織的問題が示唆されてきた[16]。

この問題に関連して，最近の実証研究では，海外腐敗行為に関する制度のすきまを巡り，企業の競争戦略が，現地の商慣習に適応する可能性が指摘されている[17]。この指摘を，上述した日本企業の組織的問題[18]に照らすと，規範的な組織モデルを海外拠点の現場に適用することが，組織の意思決定にどのような影響を与えるかについて，検討する必要があることがわかる。

そこで本章では，制度のすきまを中心的課題としながら，グローバルビジネスにおける組織上の問題，すなわちコンプラ断絶を考える。特に，先行研究において見過ごされてきたエージェンシー理論の観点から，本社と海外拠点との関係に接近することで，制度のすきまが引き起こすコンプラ断絶の発生メカニズムについて，分析枠組みの構築を目指す。

16　藤野（2016a）。

17　Spencer & Gomez（2011）, pp. 2152–2173.

18　藤野（2016a）。

2 ● 日本企業による腐敗防止の現状

2.1　代表的日本企業による失敗の事例

　まずここでは，海外腐敗行為防止に関して，日本企業がどのような対策を講じているかを明らかにするとともに，現状の対策が抱えている問題を整理しておきたい。とは言え，日本企業を一括りにして，そのために全体像を把握するのは容易でない。そこで，以下のような弁証法的手順を経ることで，代表的企業の状況から，日本企業全体の状況を推測するという方法を用いることにする。

　まず，一定の合理的な尺度を使うことで，誰もが認めるような代表的日本企業を選び出す。次に，選び出された代表的日本企業が海外腐敗行為防止について，どの程度の取り組みを展開しているかを確認する。そこで出てきた結論を根拠にしながら，最後に，日本企業全体の取り組み状況を推測したい。

　合理的に考えれば，代表的日本企業は，少なくとも以下の3つの条件を満たさなければならない。第一に「海外進出に積極的であること」，第二に「倫理問題への関心が強いこと」，第三に「日本の経済界に大きな影響力をもっていること」である。他にも条件を挙げることは可能であろうが，海外腐敗行為防止という問題に限定すれば，この3つの条件で十分であると言えよう。なぜなら，海外進出に積極的で，なおかつ倫理問題に強い関心を持つ企業は，他の日本企業と比較し，海外腐敗行為防止の取り組みが進んでいる可能性が高いと予想されるからである。また，その企業が，他の日本企業にも大きな影響を与えているとすれば，つまりロールモデルと言えるような企業であれば，これをもって日本企業の，少なくとも大企業の現状を予想することができるからである。

　そこで，これら3つの条件を満たす企業を選び出してみたい。当然，複数の企業が候補として浮かびあがってくるが，これら3条件を最も明確な形で満たす企業として「住友化学株式会社（以下，住友化学）」の名前が出てくる。その根拠は以下の通りである。

第一に，住友化学は海外志向の強い会社である。住友化学の 2021 年度の海外売上高比率は 68.2％ となっており，平均的な日本企業（36.3％）よりもかなり高く，過去 5 年間でもその比率を高め続けている 。海外進出に対する同社の積極的な姿勢が窺えることから，第一の条件を満たすと言えよう。

　第二に，同社は CSR につき，非常に高い社会的評価を受けている。同社のマラリア撲滅への取り組みは，国連開発計画が進める「国連ミレニアム開発目標（MDGs）」や「持続可能な開発目標（SDGs）」のなかで幾度も紹介されてきたベスト・プラクティスとなっており，その世界的評価は，他の日本企業を寄せ付けないほどのものとなっている。以上より，同社を倫理問題への関心が極めて高い企業と見なすことができ，第二の条件も満たすと考える。

　第三に，住友化学は，同社会長が 2 度にわたり日本経済団体連合会（以下，経団連）の会長を務めており，これをもって経済界に大きな影響力を持つ会社と言うことができよう 。経団連は，かつて財界総本山とも言われた機関である。またその会長は財界総理とも呼ばれ，政官財界に対し強力なリーダーシップを発揮してきた 。この要職に住友化学の米倉弘昌氏（第 11 代），十倉雅和氏（第 15 代）が就いたわけだから，住友化学が，第三の条件を満たすと言っても，決して無理はなかろう。

2.2　日本企業による取り組みの状況

　住友化学における海外腐敗行為防止に向けての取り組み状況を検討する前に，同社がとりわけ高い社会的評価を得てきた CSR 活動として，マラリア防止の取り組みを紹介しておきたい[19]。なぜなら，この活動がのちに同社の海外腐敗行為防止の取り組みと密接に関わることになるからである。

　2000 年当時，アフリカではマラリアが蔓延し，死者数が 80 万人（全世界のマラリアによる死者数の 9 割以上）に上るなど，甚大な被害をもたらしていた[20]。住友化学は，この問題の解決に貢献するため，マラリア予防用の蚊帳

19　以下の内容は，髙（2014），46-49 頁を参考にしている。
20　WHO（2013），p. 9.

を開発し，これをアフリカ諸国に供給していった[21]。住友化学が開発した蚊帳は「オリセット®ネット」と呼ばれ，マラリア予防に著しい効果を発揮した。その結果，同社がCSRの分野で社会的に高く評価されていることは既述のとおりである。

　ところが同社は，海外腐敗行為防止に向けての取り組みにおいて，内部統制上，深刻な問題を抱えていた。しかも，同社の代表的なCSR活動であるオリセット®ネットを用いた活動において，この問題が露見してしまった。ここで，同社の海外子会社が関与していたカンボジア贈賄事件を見ることで，住友化学グループの内部統制の状況を確認しておきたい。

　21世紀初頭，カンボジアではマラリアへの感染が大きな社会問題となっていた。そこで，カンボジア政府は，世界基金から感染症予防関連の助成金を受け，感染症防止プログラムを始動させた[22]。このプログラムにおいて，同国は，マラリア予防に定評のある住友化学のオリセット®ネットを活用することとした。

　問題は，住友化学の海外子会社が，この取引契約を獲得するため，政府関係者に賄賂を渡していたことである。カンボジア政府によるオリセット®ネットの調達は，政府関連機関であるNational Centre for Parasitology, Entomology and Malaria Control（以下，CNM）を通じて競争入札形式で行われた。入札には，住友化学の100％出資子会社であるSumitomo Chemical Singapore Pte Ltd（以下，SCS）が参加した。

　このとき，SCSの営業部長はCNMの所長より賄賂の提供を要求されていた。その際，所長は営業部長に対し，取引獲得のために競合他社もこの要請に応ずる予定であるとの説明を受けた。結果として，営業部長は所長に賄賂を渡し，蚊帳の供給契約を獲得したのだ[23]。

　この事件の深刻さは，SCSが贈賄行為に関与していたことについて，同社の社長も認知していたという点にある。事件で中心的な役割を担った営業部長は，収賄側の所長の勧めで架空のコンサルタントを介在させ，賄賂の提

21　以下の内容は住友化学ホームページを参考にしている。
22　Office of the Inspector General（2013），pp. 12–13.
23　Office of the Inspector General（2013），pp. 12–23.

供を隠ぺいしようとした。さらに，これに先立ち営業部長は，SCS社長からこの隠ぺい工作について承認をも得ていた[24]。

　以上の事実から，SCSが組織ぐるみで違法行為に関与していたことがわかる。また，その取引がマラリア予防の蚊帳調達に係るものであったことから，SCSは住友化学グループの中核的なCSR活動において不正を働いていたことになる。既述のように，住友化学のCSRへの取り組みは総じて高く評価されていたが，海外子会社による事件への組織的関与については，同社が狭義の法令遵守すら蔑ろにしていたことになる。

　もっとも，住友化学は海外腐敗行為防止の重要性を看過していたわけではない。同社は2008年12月から国連グローバル・コンパクトが取り組む10原則のひとつである「腐敗防止」のワーキンググループに，日本企業として初めて参加しており，海外腐敗行為防止の重要性に早い時期から気付いていた数少ない日本企業のうちの一社である。

　しかし，問題の重要性に気付いていた先進的日本企業においても，海外腐敗行為防止の管理体制は，ほとんど機能していなかったわけである。経済界に影響力のあるロールモデル的企業がこの段階にとどまっていたのであるから，しかも同社がもっとも力を入れていた社会貢献活動の裏で，海外腐敗行為が行われていたわけだから，他の日本企業がどのような状況にあるかは「推して知るべし」だと言えよう。近年のグローバルな規制環境の変化に対して，多くの日本企業の管理体制が時代遅れになっていることは否めない，と言える。

　ただし，この結論に対しては反論もあり得よう。確かに，住友化学は3つの条件を満たすかもしれないが，それは依然として例外的なケースであると言われかねない。それゆえ，この反論に対し，次の点を取り上げることで再反論を試みておきたい。

　まず，梅田（2011）は，ファシリテーション・ペイメントの問題を取り上げ，日本企業は欧米の企業に比べて取り組みが遅れていると指摘している。また，日本能率協会総合研究所（2012）は，日本の中小企業を対象にアンケート調

24　Office of the Inspector General（2013），pp. 12-23.

査を実施し，全体的に「外国公務員贈賄防止指針」の「認知状況は低い」と結論付けている。さらに，トランスペアレンシー・インターナショナルは，多国籍企業 500 社を対象に，海外腐敗行為防止体制に関する情報開示の充実度について 2009 年と 2012 年に 2 度にわたり調査を行っているが，いずれの調査においても「日本企業の情報開示が国際的に遅れている」と指摘している[25]。直近の調査でも，日本企業の腐敗防止体制の構築状況として，国内・海外のグループ社員へのヒアリング調査や，サプライヤーやサードパーティのデューディリジェンスおよび教育トレーニングの実施が遅れていることが指摘されている[26]。

　これらの研究はファシリテーション・ペイメントという一部の取り組みや，「外国公務員贈賄防止指針」に対する中小企業の認知状況，あるいは海外腐敗行為に関する企業のディスクロージャーやサードパーティ・デューディリジェンスという部分的な問題を対象として取り上げた研究であるが，少なくともこうした結論は，日本企業による海外腐敗行為防止の取り組みが一般に遅れていることを示唆していると解釈できよう。以上より，本書では「多くの日本企業の取り組みは十分に進んでいない」と結論付けたい。

2.3　データに基づく現状分析

　多くの日本企業の取り組みは十分に進んでいない。これが，ここまでに得られた結論である。とはいえ，全ての日本企業を一括りにして「取り組みが進んでいない」と言っても，研究上あるいは実務上，有益な示唆を得ることはできない。少なくとも，取り組みの進捗を段階的に把握するとともに，そこに理論的な裏付けを与えることができれば，企業の取り組みが進まない理由について，体系性を持った説明が可能となるはずである。

　そこで，藤野（2016b）で分析対象とした「第 15 回インテグレックス調査」のデータを用いて，日本企業による海外腐敗行為防止の取り組みの「進捗度」

25　大塚（2014），245-255 頁。
26　グローバル・コンパクト・ネットワーク・ジャパン・地球環境戦略研究機関（2022），50-56 頁。

図表 3-2　内部統制の各段階における平均ポイント

	平均値	標準偏差
リスク認識	53.15	32.202
規程類作成	48.57	53.320
体制整備	16.07	35.867
モニタリング	12.76	14.910

出所：筆者作成。

表 3-3　内部統制の各段階におけるポイントと平均差

		差の平均値	有意確率（両側）
ペア 1	リスク認識ー規程類作成	4.573	.136
ペア 2	規程類作成ー体制整備	32.507	.000
ペア 3	体制整備ーモニタリング	3.306	.083

出所：筆者作成。

を把握し，そこに理論的な裏付けを与えていきたい[27]。つまり，日本企業の取り組みはどこまで進んでおり，どの点に問題を抱えているのかを定量的に分析するわけである。

　そのために，第15回インテグレックス調査で実施されたアンケートの質問を，海外腐敗行為防止の内部統制における4つのステップ，すなわち「リスク認識」「規程類作成」「体制整備」「モニタリング」に当てはめ，それぞれに配点を割り当てることで，各段階を最大100ポイントで採点する。この採点をもとに，各企業のポイントを段階別に計算し，全回答企業の平均値を把握することで，企業による海外腐敗行為防止の実践状況を把握する。

　まず，全回答企業の得点を，段階ごとに0ポイント～100ポイントで評価したところ，各段階の平均ポイントが図表3-2のように得られた。この結果を見る限り，多くの企業は，少なくとも海外腐敗行為に係るリスクを認識し，

27　藤野（2016b）。なお，この調査は，株式会社インテグレックスが2015年10月から2016年3月までの期間に実施した，海外腐敗行為防止に係わる日本企業の取り組みの実態に関するアンケート調査である。アンケートは，基本編（28問）と応用編（35問）の計63問から成る。回答企業は221社で，そのうち基本編に回答した企業は221社（全回答企業），応用編にも回答した企業は152社（回答企業の68.8%）となっている。なお，筆者は，予め企業名が伏せられた状態で，当該データの提供を受けている。

図表3-4　内部統制の各段階の相関分析

	リスク認識	規程類作成	体制整備	モニタリング
リスク認識	1.000	0.530	0.338	0.448
規程類作成	0.530	1.000	0.829	0.687
体制整備	0.338	0.829	1.000	0.666
モニタリング	0.448	0.687	0.666	1.000

出所：筆者作成。

　また，規程類の作成にも着手していることがわかる。その一方で，規程類の運用面までを視野に入れた，より具体的な体制の整備には，二の足を踏んでいるようである。同様に，モニタリング，すなわち監査についてもほとんどの会社において充実した形では行われていないと言える。

　では，この結果を受け，企業の取り組みはどこまで進んでいると言えるのか。段階間の平均ポイントの差を客観的に比較するため，リスク認識－規程類作成，規程類作成－体制整備，体制整備－モニタリング間で，それぞれの平均差を検証したところ，図表3-3の結果が得られた。

　この結果を見ると，規程類作成－体制整備間に有意差が生じていることがわかる。したがって，日本企業の取り組みは，総じて規程類作成の段階まで至っていると結論付けられる 。ただし，これはあくまで回答企業全体の傾向である。そこで，各段階の標準偏差から，個々の会社の状況をより詳しく把握しておく。特に，規程類作成の標準偏差が大きいことから，規程類の作成が進んでいる企業と進んでいない企業の2種類が併存していることがわかる。

　規程類作成の進んでいる企業とそうでない企業の具体的特徴を把握するには，各段階のポイントの関係性に注目する必要がある。そこで，段階間の相関係数を見ると，次の通りになる（図表3-4）。

　リスク認識－規程類作成間に強い相関がないということは，社内規程を作成している企業であっても，その前提として，必ずしもリスク認識が高いわけではないことを示唆している。また，規程類作成－体制整備間に強い相関が見られるということは，社内規程を作成した企業の多くは，少しずつではあるが，その運用に向けたルール作りに取り組んでいることを意味している。

ただし，当面の進捗状況は，決して順調だとは言えない。

2.4 業種ごとの特性

　ここまでに，一部の企業では，リスク認識が不十分であるにもかかわらず，詳細な社内規程が作成され始めている状況が観察された。こうした企業では，取り組みが，正確なリスク認識に基づかず，業種ごとに横並びに進んでいる可能性がある。

　そこで，業種ごとの実践の進捗度を確認しておきたい。図表3-5は，各段階の業種別ポイントの平均値を算出し，当該業種を除いた全体平均との差に

図表 3-5　内部統制の各段階の業種別平均値

業種	リスク認識	規程類作成	体制整備	モニタリング
建設	63.259	87.259**	43.259**	28.593**
化学	57.206	74.413**	28.190	13.841
医薬品	59.111	78.815*	17.037	18.963
電気機器	63.656**	39.527	9.935	13.032

＊は 90% 水準で有意差，＊＊は 95% 水準で有意差が生じている。
出所：筆者作成。

図表 3-6　4 業種の内部統制各段階におけるポイント

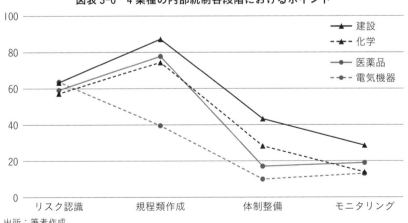

出所：筆者作成。

おいて，プラスの方向で有意差が見られた業種だけを取り出したものである。

これを見ると，建設，化学，医薬品，電気機器は，リスク認識，規程類作成，体制整備，モニタリングのいずれかひとつ以上の段階において，取り組みが有意に進んでいる。これら4業種について，それぞれの平均ポイントをグラフで表すと図表3-6の通りになる。

建設，化学，医薬品の3業種においては，規程類作成が全体平均と比べて有意に高く，リスク認識に有意差は見られない。これに対し，電気機器においては，リスク認識は全体平均と比べて有意に高いが，規程類作成には有意差が見られない。前者の3業種と後者の電気機器との間では，リスク認識と規程類作成を巡って対照的な傾向が見られる。

3 ● 日本企業の直面するコンプラ断絶

3.1 コンプラ断絶をめぐる組織的課題

企業が新興国に進出する際の法令対応として，本社側では，法務・コンプライアンス部門が中心となり，グループ全体にまたがるリスク管理体制を構築する。しかし，リスク認識が不十分なままに社内規程の作成を進めている企業は，現場の状況を正確に把握しないまま，当局が作成したガイドライン[28]や，業界団体等が作成したガイダンス等を模倣するなどして，横並びで文書・規程類を作成している可能性がある。ガイドラインやガイダンスは，取り組みの指針として重要な役割を果たすと考えられるが，これをそのまま模倣すれば，現場の実態を反映しない画一的な規程が作成されてしまうおそれもある。

他方，海外拠点側では，進出先の商習慣に従う形で取引が行われる[29]。このとき，海外拠点に対し，本社側が画一的に作成した社内規程の遵守を強要

---

28 U. S. Department of Justice and the U. S. Securities and Exchange Commission (2012)；経済産業省 (2021b).

29 Oldenburg (1987), pp. 508–535.

したところで，海外拠点では現地の商慣習への適応が優先される可能性がある[30]。海外ビジネスの現場では，たとえ社内規程に反するとしても，一部の非公式な支払なしには，ビジネスが成り立たないこともあるからである。

　問題は，現地の商慣習に従ってやむを得ず行った行為が，社内では規程違反にあたる場合に，現地の社員は違反行為の実態を本社に正しく報告することができなくなる点にある。海外拠点から正確な報告がなされなければ，本社と海外拠点の間に情報の非対称性[31]が生じる。すると，本社と海外拠点にエージェンシー関係[32]が成立することで，管理コストが増加してしまう。つまり，本社側では，海外の現場で起きている贈収賄の実態を正確に把握することが一層困難になり，現地の正確な情報に基づくリスクベースの対応が取れなくなるわけである。結果的に，社内規程が現場で機能していないにもかかわらず，規程の画一的な運用を継続してしまい，ジレンマが拡大することで，その有効性が一層損なわれることにもなりかねない。

　こうした傾向は，建設，化学，医薬品において顕著に見られた。建設業界には，過去に海外腐敗行為に関連して，国内外の当局に摘発を受けた企業が多く，そうした同業他社の摘発と体制構築を目の当たりにするなかで，各社は早い段階から規程類の作成を進めてきた可能性がある。つまり，他社の取り組みを見倣う形で，規程類の整備が浸透してきたわけである。同様の傾向は，化学と医薬品においても見られる。規程類整備を進めることは海外腐敗行為防止に不可欠であるものの，その前提となるべきリスク認識が進んでいなければ，進出先の現地の規制環境が急速に変化している昨今の経営環境のもとでは，リスク要因が変化した時に，内部統制が機能不全を起こす恐れがある。

　これとは逆に，電気機器業界では，リスク認識のみが顕著に進んでいるものの，社内規程整備は進んでいない。そもそも，電気機器業界におけるグローバル企業は，サプライチェーン上の人権侵害リスクに晒されてきたため，米国ドッド＝フランク法やその他の人権侵害防止法制への対応を中心に，グ

30　Iriyama et al. (2016).

31　Akerlof (1970), pp. 488–500.

32　Jensen & Meckling (1976), pp. 305–360.

第3章
グローバルビジネスにおける
「制度のすきま」と
「コンプラ断絶」

ループ企業のリスク管理体制が構築されてきた経緯がある。こうした点につき，贈賄は，現地公務員への非公式の支払いを通じて，政府による公正な意思決定を歪めてしまうという意味で，人権侵害を助長するおそれがあり，サプライチェーン上での人権侵害リスクコントロールの一要素として，贈賄防止が進められてきたという経緯もある。

　しかし，サプライチェーン上の人権侵害防止を目的に，間接的に贈賄防止の必要性を理解することには，限界があるとも言える。サプライチェーン上のリスクは多岐に渡るため，そのひとつとして贈賄リスクを捉えることは重要であるが，実際にそれが，社内規程の作成へと必ずしもつながっているわけではない。リスク認識は高いけれども，規程類の整備が進んでいない理由はこうした点にあるとも考えられる。とはいえ，現場の実情に沿わない画一的な規程類を整備するよりも，まずは正確なリスク認識をもち，それに基づき，現実的な範囲で実効性のある規程類作成を行う方が望ましいとも言えよう。

3.2　リスクに対する経営者の態度

　本章のここまでの分析から，一部の企業は，現場のリスクに対して十分な認識がないままに，自社の規程類整備を進めている実態が確認された。本社がリスク認識を欠いたままで，海外拠点の現場に画一的に規程類を適用するとすれば，本社と海外拠点の間で制度のすきまが解消されず，両者の間に情報の非対称性に基づくエージェンシー関係が成立する問題が生じるため，内部統制が機能不全を起こし，社内ルールが無効化されるおそれがある。ひいては，企業の内部統制構築・運用の状況に依るところの大きい海外腐敗行為防止法令が無効化されOECDを中心とした国際的な腐敗防止体制が機能しなくなる可能性がある。

　こうした問題の背景には，さまざまな要因が存在すると考えられるが，これを企業経営の視点から考えるとすれば，企業がリスクベース・アプローチを実践するに際して，経営者の態度が重要となる。これを本章の分析結果に照らすと，次の3つの問題が浮かび上がってくる。

まずは，経営者のリスク認識の問題である。4つのステップのうち，リスク評価については，全企業の平均ポイントが53.15であった（図表3-2参照）。多くの企業がリスク評価を実践しているとは言え，残りの企業はすでにこの段階でつまずいているとも言える。その背景には，経営者のリスクに対する認識不足があると考えられる。リスクベース・アプローチの第一ステップであるリスク評価を実践しない企業では，そもそも経営者が，海外腐敗行為への対応の必要性すら感じていない可能性がある。つまり，リスクに対する認識そのものが不足しているわけである。

　次に，リスク対応の先送り行動である。企業は，リスク評価を実行したら，そのリスクを合理的にコントロールするための組織的対応が求められる。しかし，一部の企業では，現場の状況を正確に把握しないまま，当局が作成したガイドラインや，業界団体等が作成したガイダンス等を模倣するなどして，横並びで文書・規程類を作成している可能性が指摘された。つまり，海外腐敗行為に関するリスクが存在することは理解していても，それを直視しようとせずに，表面的・形式的な対応をすることで，問題の先送りをしているわけである。その結果，データのうえでは，取り組みの進捗が見られたとしても，リスクコントロールの実効性の面では，大きな疑問が残ることになる。

　最後に，リスク情報の不足である。経営者が正しいリスク認識を持ち，そのリスクを直視して実効性のある対策を講じようとしても，そもそもリスク情報を収集するための社内リソースが不足している可能性がある。今回の分析では，第3ステップの体制整備において，全回答企業の平均値が大きく低下した。つまり，ほとんどの企業が，リスクベース・アプローチを実践するための十分な組織体制を構築できていないわけである。その理由を想像するのは難しくない。既述の通り，日本企業が海外進出をする際に，現地拠点に駐在する日本人の数は，極めて少ないのが現実である。特に新興国・途上国では，本社から派遣される日本人の駐在員は一人だけで，残りの従業員は全て現地採用ということも珍しくない。この場合，日本人駐在員が，営業，総務，経理，法務などのさまざまな業務の管理を，一人で担うことになる。さらにこの唯一の本社社員も，数年経てば交代されるため，情報の蓄積が進まない。また，日本の本社においても，リスクベース・アプローチの実務を担

うべき法務・コンプライアンス担当者の数は，海外企業に比べると少ないと言われる。こうした状況のなかで，現地のリスク情報を正しく収集し，分析するのは困難だと考えるべきである。

3.3　経営者の態度に影響を与える経営環境

　そこで以下の章では「リスクに対する甘い認識」「リスク対応の先送り行動」「リスク情報の不足」という３つの問題に焦点を当て，それらの遠因とも言える「内部統制が機能しない根本原因」を探っていく。本書では，経営者の抱える３つの問題を「取り組みが進まない直接的理由あるいは内的要因」と呼ぶが，これら３つの理由が生まれた遠因を「間接的理由または外的要因」として，経営環境との関係のなかに見出していく。その際に「企業セクター」「政府・行政セクター」「市場セクター」という３つの視点から整理していきたい[33]。

　企業セクターでは，日本企業の活動地域，組織風土，組織体制に焦点を当てる。まず，企業内に蓄積される情報は，企業がいかなる場所でいかなる取引を行ったかなどにより，変化することから，経営者のマネジメントは，企業の活動地域に影響を受けると考えられる。また，外国公務員贈賄を防止するためには内部統制を構築・改良する必要があるが，その場合，組織に大きな変化をもたらすこととなる。しかし，そうした内部統制が，企業の組織風土に適合しないこともあるだろう。その場合，経営者のマネジメントは，組織によって反発を受けることになろう。この意味で，経営者が内部統制に関するマネジメント上の判断を下す場合には，少なからず組織風土の影響を受けることとなる。さらに，内部統制構築を進めるにあたって，経営者は，社内のコンプライアンス担当者のサポートを受けることも重要となる。したがって，コンプライアンスに係る企業内の組織体制が，経営者のマネジメント

33　Post et al. (2002) は，企業と政府の関係におけるマネジメントの分析視角として「政府」「企業」「社会」のトライアングルを採用している。本書では，トライアングルの中心に経営者を置き，上記トライアングルの視点を援用しつつ「社会」を「市場」に置き換えることで，海外腐敗行為防止の経営環境を分類する。

に与える影響も無視することはできないだろう。

　政府・行政セクターには，法律を制定しそれを執行することで企業行動を適正化するという指導的な役割が期待されている。そもそもコンプライアンスは「法令遵守」とも言われ，その一義的な目的は法律やその他の規制を守ることにある。その意味で，外国公務員贈賄に係る法律の制定，改正，執行が経営者のマネジメント・プロセスに大きな影響を与えていることは自明である。特に，FCPA（海外腐敗行為防止法）をはじめとした海外の法律がもたらすリスクが増大している昨今では，海外の政府および当局の動向に注視することが重要と考えられる。しかし，日本企業の実態を考えれば，経営者は依然として国内の政府および当局から強い影響を受けていると考えられる。そこで，本書では，国内の政府および当局を，海外（特に米国）のそれらと比較し，経営者のマネジメントにいかなる影響を与えるかを考えていく。なお，ここで政府と言う場合，それは外国公務員贈賄罪を所管する経済産業省を想定し，当局と言う場合には，法執行に係わる検察を想定している。

　市場セクターにおける重要な主体として，ここでは株主，機関投資家，弁護士・コンサルタントを取り上げる。一般に，市場と言った場合には，「財・サービス市場」「労働市場」「資本市場」が想定されるが，殊，海外腐敗行為の問題に関しては，最終消費者の消費行動や労働者の就業活動が経営行動に大きな影響を与えるという状況は考えづらい。むしろ，この問題に関しては，資本市場に受ける影響が比較的大きいはずである。なぜなら，外国公務員贈賄はレピュテーションの低下にもつながるため，株価の変動に伴う短期的な企業価値の変動が，マネジメントに影響を与えると考えられるからである。しかし，近年では，長期的視点から，機関投資家が経営にコミットするという傾向が強くなっており，そうした行動が，長期の企業価値形成に寄与する側面が指摘されている。そこで本書では，株主によるコーポレート・ガバナンスに関わる行動についても，市場セクターの問題として捉えることとする。特に，現代の上場企業においては，株主が流動的であるという意味で，その役割が投資家一般にも間接的に求められていると言える。また，企業が外国公務員贈賄防止の社内体制を構築するに際して，弁護士・コンサルタントの助言を受けることがある。これは企業が財・サービス市場を通じて，外部機

関の助言というサービスを購入しているに他ならない。したがって，彼らの動向もまた，経営者のマネジメント・プロセスに影響を与えると想定する。

　国際社会による腐敗防止体制は，常に進化を続けている。特に，本章で紹介したインテグレックス社のアンケート調査が行われた2016年から2022年現在までには，国内外においてさまざまな制度変化が起きている。まず日本では，2017年に共謀罪が，2018に日本版司法取引制度が施行され，コンプライアンスにおけるインセンティブメカニズムの導入が進んでいる。特に，日本版司法取引制度の第一号案件は海外腐敗行為に関する事件[34]で，今後も，この分野で司法取引制度の活用が予想される。そもそも海外腐敗行為は捜査の難しい案件であるが，インセンティブメカニズムの発達は，司法当局の情報収集・捜査能力を高め，結果的に企業による内部統制の形骸化を防ぎ，実効性のある対応を推し進める可能性もある。

　他方で，インドネシアをはじめとして多くの新興国政府が腐敗防止専門の政府機関を設置するなど対策を強化しており[35]，また，中国やインドでも政府が国内の腐敗防止を主要な政治目標に掲げ，腐敗防止に乗り出している。新興国政府の腐敗防止対策が強化されるにつれ，現地の商慣習にも変化が起こりつつあると考えられる。

　こうした経営環境の変化を念頭に，今後は，本社と海外拠点の関係を巡るリスク管理上の問題の発生と変化のメカニズムを検証し，そのうえで，コンプラ断絶の克服に向け，環境変化に合理的に対応する内部統制のモデルを模索していく必要があるだろう。そのためには，まずは基本に立ち戻り，日本企業の内部統制が機能しない理由について，その根本原因を明らかにしておく必要がある。

34　三菱日立パワーシステムズ（MHPS）のタイにおける外国公務員贈賄事件である。
35　森下（2013），31-101頁。

克服すべき課題1：
リスクに対する甘い認識

　海外腐敗行為防止の内部統制において，最初に取り組むべき，なおかつ最も重要なプロセスが「リスク評価」であった。つまり，現状では国内志向にとどまる内部統制を，海外腐敗行為防止に対応したグローバル・レベルへと引き上げるため，現状を正しく認識し，抜本的な体制の見直しをする必要があるということだ。しかし，すでに指摘した通り，日本企業は既にこの段階で問題を抱えている可能性がある。では，その遠因はどこにあるのか。ここでは3つのセクターの観点から検討してみたい。

　第一に，企業セクターの観点である。ここでは，日本企業のグローバル化を背景に考えてみる。多くの日本企業が，積極的に海外展開をしているという事実は既に確認済みである。むしろここでは，海外展開の進行速度や，進出先で行われるビジネスの実態に焦点を当て，これらが経営者のリスク認識にいかなる影響を与えているかを考えたい。

　第二に，政府・行政セクターである。政府や当局による法の制定・執行が企業に与える影響は，海外腐敗行為を巡るリスク，特に「当局による訴追リスク」の中核を成している。このため，経営者のリスク認識は，政府・行政セクターの動向にも少なからず影響を受けることになる。そこで，日本における海外腐敗行為防止に対する政府・行政の対応について，外国公務員贈賄罪制定の経緯や，その執行状況を確認し，日本の政府・行政による海外腐敗

行為防止対応における特徴を把握する。さらに，それらが経営者のリスク認識にいかなる影響を与えているかを検討する。

　第三に，市場セクターである。外国公務員贈賄罪が適用されれば，当然，企業はサンクションを科され，罰金の支払等により損害を被ることになるわけだが，このとき株主は，企業の被った損害について，経営者に賠償を求めることがある。その意味で，市場セクターの動向として，株主の行動にも注目しておく必要がある。この点については，株主代表訴訟による損害賠償請求の可能性を検討し，これが経営者のリスク認識にいかなる影響を与えているかを確認しておく。

1　企業セクターの視点
海外展開の歴史の浅さ

　企業が海外展開をすれば，事業環境は著しく変化することになる。なぜなら，ビジネスに係わる制度，慣習，文化などの諸条件は，国内と海外では大きく異なるからだ。とりわけ，海外展開が加速すればするほど，企業にとっての事業環境の変化もそれだけ急激なものとなる。そこで第一に，日本企業の海外展開がいかに急速に進行しているかを明らかにする。そして第二に，日本企業の進出先がいかなる地域であるのか，そして進出先のビジネス慣行がいかなるものかを明らかにする。これらの点に注目しつつ，産業界の動向が経営者のリスク認識にいかなる影響を与えているかにつき，検討を加えていくこととする。

1.1　日本企業の海外展開

　日本企業が積極的に海外事業展開を進めていることは既に述べた通りだが，ここで注目したいのは，近年その変化が加速度的に進行しているという事実である。なぜなら，海外展開によって事業環境に急激な変化が起きれば，経営者の認識が現実の環境変化に追い付けず，現実と認識との間にギャップが生じる可能性があるからだ。こうした可能性について検討するため，まず，

以下3つのデータに基づき，日本企業の海外展開がいかに急速に進行しているかを確認しておきたい。

　まずは，日本企業の「海外売上高比率」である。海外売上高とは，文字通り，企業が自国以外で得た売上高を意味するが，そこには「輸出」による売上と「現地生産販売」による売上の両方が含まれている。したがって，総売上高に占める海外売上高比率は，企業の海外展開における全般的な傾向を示す指標だと言えよう。

　そこで，日経平均採用銘柄の海外売上高比率を見てみると，2002年度から2018年度までの16年間に，28%から39%へと，11ポイントも上昇している（図表4-1参照）。もちろん，直近の2年間は，新型コロナウイルスの影響から下落傾向にあるものの，おおよその傾向から把握する限り，過去約20年間で日本企業の海外展開が急速に進行してきたことを理解することができよう。

　ただし，海外売上高比率は，日本企業のグローバル化における表面的な動きを捉えたものに過ぎない。なぜなら，一般にグローバル化は「輸出中心段階」「現地化段階」「国際化段階」などを経て漸進的に行われると考えられており，段階が上がるに従って，企業のグローバル化は質的に深化していく，

図表4-1　日本企業の海外売上高比率の推移

出所：国際協力銀行企画部門調査部（2021）8頁をもとに筆者作成。

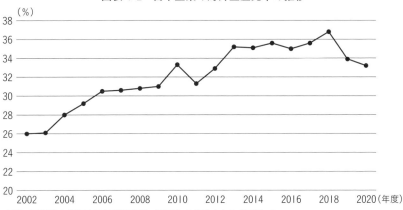

図表 4-2　日本企業の海外生産比率の推移

出所：国際協力銀行企画部門調査部（2021）8 頁をもとに筆者作成。

つまり現地との関係性が一層深まっていくと考えられるからである[1]。

　そこで，日本企業のグローバル化を，その質的な側面から捉えるには「海外生産比率」や「海外現地企業法人数」の推移を見ておく必要があろう。海外生産比率とは，企業の総生産能力のうち，海外での生産に依拠する比率を指す。企業がその製造能力を海外に移転するにつれて，この比率が上昇することになる。また，海外現地法人とは，日本にある本社とは別に海外に設立した子会社や孫会社を指す。現地法人は本社とは独立した一企業として営利活動を行うことができる。したがって，これらの指標が高い企業では，ビジネスのグローバル化が「輸出中心段階」から一歩進んだ「現地化段階」に至っていると考えられる。

　まず，海外生産比率は 2002 年度から 2018 年度までに，26% から 37% へと 11 ポイント 上昇している。2019 年度と 2020 年度は比率が下落しているが，これは新型コロナウイルスの蔓延による短期的な傾向であり，長期的には上昇傾向が続いていると見るのが妥当だろう。

　また，日本企業における海外現地法人企業数を見ると，2002 年度から

1　花田（1988），103-112 頁。

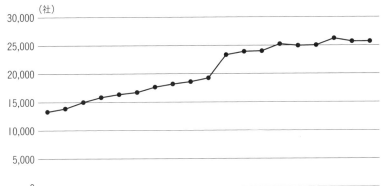

図表 4-3 日本企業の海外現地法人企業数の推移

出所：経済産業省（2015a）および経済産業省（2022）をもとに筆者作成。

2020年度までの18年間で，約1万3000社から約2万5000社へと，約2倍近くに増加しており[2]，日本企業の現地化が一気に進行していることがわかる（図表4-3参照）。これは，日本企業のグローバル化が質的にも深化している証拠だと言える。

とは言え，海外現地法人は，単に海外で登記されただけの名目的な企業をも含むために，その数が増えたからと言って，必ずしも現地化が実態を伴って進行しているとは言い切れないという批判もあり得る。そこで最後に「海外現地法人常時従業者数」を見ておきたい。一般に，企業は海外で駐在員事務所を設置することから始め，現地での事業を拡大させるにつれて，従業者数を増やしていくことになる。したがって，企業の現地化が実態を伴って進行すれば，必ず現地法人常時従業者数は増加するはずである。

そこで，2002年度から2020年度までの18年間の推移を見ると，現地法人常時従業者数は，約350万人から約550万人へと，およそ60％も増加している（図表4-4参照）。このことから，日本企業による現地化が，名実とも

---

2 2014年3月末現在で，海外に現地法人を有する日本企業（金融・保険業，不動産業を除く）を対象とした調査による。経済産業省（2015a）。

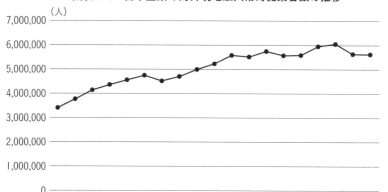

図表 4-4　日本企業の海外現地法人常時従業者数の推移

出所：経済産業省（2015a）および経済産業省（2022）をもとに筆者作成。

に，加速度的に深化していると理解することができる。

　これら4種のデータを観察することで，日本企業がグローバル化を急速に推し進めていること，そしてそれは名実ともに深化を伴うものであることが確認できる。こうした事実からわかるのは，日本の企業セクターが，グローバル化に向けた転換期の最中にあることだ。しかし，これは同時に「多くの企業がこれまで活動の足場を日本国内に留めていた」ことを意味している。こうした状況は，経営者のリスク認識に対していかなる影響を与えるのだろうか。

　企業が国内で活動している限り，海外の法律が適用される可能性はほとんどない。このため，経営者が，海外にいかなる法律が存在し，それが企業にとってどのようなリスクをもたらすかについて，関心を抱くこともないだろう。特に日本国内では，企業が公務員に対して商業目的で賄賂を渡すというようなことは，昨今では滅多になくなっており，自社の社員が贈賄行為に加担し，それが企業に訴追リスクをもたらすとは，海外経験の少ない経営者であれば想像もしないだろう。こうした背景から，そもそも腐敗リスクの存在そのものを認識していない経営者がいたとしても，なんら不思議ではないと言える。

1.2 進出先での腐敗の蔓延

　ここまでに紹介した一連のデータから，日本の産業界がグローバル化への過渡期にあることを確認することができた。グローバル化の進行が急速であるために，海外のビジネス環境に対する経営者の理解が追い付いていないと考えられる。とはいえ，これは産業界全体を見た場合の一般的傾向であり，すべての企業に当てはまる特徴とは言えないかもしれない。つまり，個々の企業に注目するならば，海外進出に長い歴史を持つ企業も少なからず存在するだろうし，また，そうした企業においては，経営者も海外ビジネスに精通しているに違いない。

　では，海外ビジネスにおける経営者の豊富な経験は，彼らのリスク認識を向上させるのに役立てられているのだろうか。この疑問に答えるには，日本企業がいかなる地域に進出しているか，そして進出先のビジネス慣行がいかなるものかを理解し，さらに，そうした環境から経営者がいかなる影響を受けているかを理解する必要がある。

　まず，日本企業の進出先がいかなる地域であるかを確認しておきたい。近年，進出先としてよく挙げられるのは，中国やベトナム，タイ等のアジア新

図表 4-5　日本企業の主な海外進出先順位

	2015 年	2016 年	2017 年	2018 年	2019 年
中国	1	1	1	1	1
ベトナム	4	3	2	2	2
タイ	2	2	3	3	3
米国	3	4	4	4	4
インドネシア	5	5	5	5	5
西欧	7	7	6	6	6
インド	8	8	7	8	7
台湾	6	6	8	7	8
シンガポール	10	9	9	9	9
マレーシア	11	11	10	10	10

出所：日本貿易振興機構（2020）をもとに筆者作成。

第 4 章
克服すべき課題 1：
リスクに対する甘い認識

興国である（図表 4-5 参照）。特にベトナムへの日本企業の進出は近年増加傾向が強い。他方で，中国は依然として首位であるものの「中国国内の規制，法改正，貿易摩擦の影響が大きく，ASEAN に別の拠点を持ちたい」など，他のアジア諸国への展開をと模索する企業も多い[3]。

　また，日本企業の現地法人企業数の推移について，アジアと全地域を比較してみても，その増加は専らアジア地域で起きていることが分かる（図表 4-6 参照）これらのデータから，日本企業のグローバル化は，主にアジア地域への展開によって牽引されていると言える[4]。

　では，アジアの新興国には，いかなるビジネス慣行が存在するのか。結論から言えば，国内ではおよそ想像もつかないような問題が日常的に起きている[5]。その典型が，腐敗行為である。

　一部の国では，現地の公務員が露骨に賄賂の提供を要求してくるほどに，

図表 4-6　海外現地法人企業数の推移

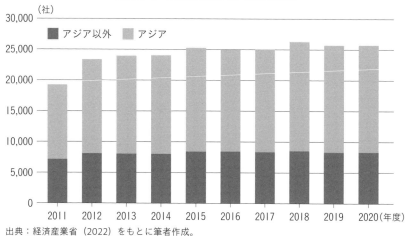

出典：経済産業省（2022）をもとに筆者作成。

3　日本貿易振興機構（2020）。
4　海外事業展開先では，中国に対する様子見の姿勢と，ASEAN へのシフトが鮮明となってきている。日本貿易振興機構（2015）。
5　海外建設プロジェクトでは，「送金リスク」「戦争・不可抗力リスク」「政策変更リスク」「デフォルトリスク」など，さまざまなリスクにさらされる。国土交通省（2011），2-3 頁。

腐敗行為が深刻な社会問題となっている[6]。この点について，国際 NGO であるトランスペアレンシー・インターナショナル（TI：Transparency International）は「腐敗認識指数（CPI：Corruption Perceptions Index）」として，国別の腐敗の深刻度を指数化している。CPI によれば，腐敗の深刻な地域のほとんどが，アジア，アフリカ，南米の新興国であることがわかる[7]（図 4-7 参照）。こうした地域においては，前述した通り，民主主義手続が機能していないこともある。

　例えば，腐敗が深刻な一部の国では，交通事故を起こしても，運転者が平然と走り去ることもあるという。警官に賄賂を渡せば，無罪放免となることがわかっているため，人をはねても構わないというのである。すでに第 3 章で紹介した通り，こうした地域では，警察官や，検察官，裁判官ですら，賄賂を要求することがある。その支払額によっては，司法の手続きを歪めることもできるため，たとえ人身事故を犯しても，運転者の罪が問われないこともあり得るわけである。もちろんこれは極端な例だが，公務員に賄賂を渡しさえすれば，いかなる便宜でも払ってもらえるというのが常識となっている国もあるというわけだ。

　とはいえ，近年になり，中国やインドネシアなど一部の新興国でも，ようやく腐敗防止活動が活発化し始めた[8]。市民社会のなかには，腐敗と決別し健全な社会を築いてきたいという意識が芽生え始めているのも事実である。しかし，新興国政府による腐敗防止活動は動き始めたばかりで，未だその成果が十分に現れているとは言えない。現実には，長期にわたり政権ぐるみで腐敗行為が行われてきたため，腐敗が常態化しており，根絶するのは難しい。このため，新興国・途上国のビジネスの現場では，今でも取引相手から平然

6　アジアにおいては，税務調査官がその職務中に遭遇する可能性の高い腐敗の種類として「贈賄」「横領」および「強要」が挙げられている。OECD（2013a）.

7　腐敗認識指数は，腐敗・汚職防止の活動に取り組む国際的な非政府組織であるトランスペアレンシー・インターナショナル（TI）が毎年公表する指標で，公務員と政治家がどの程度腐敗していると認識されるか，その度合を国別にランキングしたものである。CPI によれば，日本企業の進出が著しいアジア新興国における腐敗レベルは，先進諸国と比べて一様に高い。Transparency International（2022）.

8　2013 年に中国国家主席に就任した習近平は「反腐敗闘争」を掲げ，公務員による腐敗行為への関与を厳しく取り締まる政策を実行している。徳岡（2015），101–114 頁。

図表 4-7　トランスペアレンシー・インターナショナルの腐敗認識指数

注：色が濃い地域ほど，腐敗が進行していると認識されている。
出所：Transparency International (2022).

と賄賂の支払いを要求されることも珍しくはないのである[9]。

　では，こうした地域に進出している企業の経営者が，リスクを正確に認識
していると言えるのだろうか。この疑問に真正面から「はい」と答えること
のできる経営者は少ないだろう。なぜなら，グローバルな海外腐敗行為防止
体制が実質的に機能を強化してきたのは21世紀に入ってからのことであり，

9　例えば，中国では公務員に対する贈賄はごく一般的なビジネス慣行と考えられていた。腐敗行
　為に関与することは，企業にとってビジネスを進めるための必須条件のように考えられていた。
　Biegelman & Biegelman (2010), pp. 172-174. また，次の文章からもわかるように，中国では公
　務員の側も賄賂の受け渡しを当然認められた行為だと捉えていた。さらにそれは経済成長を支え
　る一要素として社会的にも許容されていた可能性がある。「中国では官職につく目的は蓄財にあ
　る。下級官吏ではカネで官職を得る官買が横行し，値段はその職で得られる賄賂の額に比例して
　いた。汚職の実入りを増やすには政府の投資額を増大させ，『眠り口銭』の取れるモノの流れを
　膨張させればいい。汚職もまた中国経済の成長促進剤だった」『日経産業新聞』2014年7月31日。
　さらに，インドネシアでは1965年から1998年までのスハルト政権時代に長期の高い経済成長を
　達成したが，その反面では腐敗が横行するようになっていた。Indonesia Investment (2014).

目下，最も影響力のある米国の FCPA（海外腐敗行為防止法）でさえ，それまでは十分に執行されてこなかったからである[10]。

　つまり，新興国の腐敗は，長らく放置されてきた状態にある。現実的に，新興国では贈収賄など日常茶飯事で，それが違法であることなど，ほとんど意にも介されていなかったのだ。このため，経営者にとって，現地のビジネス慣行に親しむことは，むしろ腐敗に積極的に関わることを意味してきたとすら言える。

　このように，海外展開に豊富な経験を持つ企業においても，経営者が海外腐敗行為の違法性を正しく理解しているとは考えづらく，むしろそれをビジネス慣行のひとつだと捉えている可能性が高い。したがって，ここでもやはり経営者は，リスクを正しく認識できないことになる。

2　政府・行政セクターの視点
規制・罰則の甘さ

　海外ビジネスにおいて，企業と現地公務員との間の腐敗した関係を打破するには，どうしても国家，すなわち政府の力が必要となる。しかし，現地の政府は，まさに腐敗によって機能不全を起こしており，それがさらなる腐敗の進行をもたらすという「負のスパイラル」に陥っている。このため，現地政府の主導で効果的な腐敗防止策を講じることは期待できない。こうした状況を打開するために，先進国政府による海外腐敗行為規制が求められたわけである。したがって，日本企業の経営者のリスク認識を考える場合にも，日本の政府・行政セクターが与える影響を考慮しなければならないのは当然だろう。これについて，次の2点を中心に考えてみたい。

　第一に，日本政府の姿勢である。海外腐敗行為防止に対して，日本政府が毅然とした態度で臨んでいれば，この問題が国内で大きな議論を巻き起こし，社会の注目度も高まったはずである。ここでは，日本における外国公務員贈

10　FCPA の執行が本格化し始めたのは，21 世紀に入ってからである。このとき，FCPA 違反によって課せられているサンクションの額も急増している。Crook (2011), pp. 582-586.

賄罪法制化に対して，政府がどのような姿勢で臨んできたのかを明らかにし，それが経営者のリスク認識にいかなる影響を与えたかを考えてみたい。

　第二に，外国公務員贈賄罪が設定された国内法令である不正競争防止法を，当局がいかに執行しているかである。外国公務員贈賄罪の適用が活発化すれば，企業が摘発を受ける可能性は高まることになる。そうすれば当然ながら経営者もリスクを強く認識するようになるはずだ。そこで，日本の外国公務員贈賄罪の適用状況と，経営者のリスク認識に対するその影響について検討を加えておく。

2.1　外国公務員贈賄罪設定を巡る法改正

　日本において海外腐敗行為の問題がまがりなりにも議論されるようになったのは，20世紀終盤からである。きっかけとなったのは1997年のOECD条約締結であるが，条約に参加した日本は，これを批准するために海外腐敗行為防止法制の整備が求められた。そこで，経済法を所管する通商産業省（以下，通産省）を中心に，外国公務員贈賄罪の法制化に向けた議論が始まったという経緯がある[11]。

　しかし，肝心の通産省は，当時この問題の解決にさほど積極的ではなかったと言える。結局，1977年にFCPAが成立してから20年以上が経過した1998年に，ようやく「不正競争防止法[12]」に取り込まれる形で外国公務員贈賄罪が設定された[13]。しかし，蓋を開けてみればその内容は，罰則の厳格さという意味では，OECD条約という外圧からの「回避措置」とも取れるくらいに不十分なものだった[14]。そもそも，一般に当時の通産省の政策は，グ

11　北島（2011），40頁。

12　日本では保護法益の観点から刑法改正による外国公務員贈賄罪の設定が難しいと判断され，経済法の枠組みのなかで設定するという方法が採られた。北島（2011），40-44頁。

13　1998年改正の不正競争防止法第10条の2第1項は「外国公務員に対する不正の利益の供与等の禁止」を規定し，「営業上の不正の利益を得るために行う，外国公務員等の職務に関する作為，不作為等をなさしめることを目的とした利益の供与，その申込みまたはその約束」が禁止された。通商産業省知的財産政策室（1999），38頁。

ローバル化に対して常に「受動的[15]」であったとも言われているが，このような態度が，外国公務員贈賄罪法制化の過程にも色濃く表れることとなったと考えられる。

　では，ここで具体的に，日本の外国公務員贈賄罪の規定を概観することで，この問題に対する日本の態度を読み取っておきたい。まず不正競争防止法では，法人に対する罰金額は上限が3億円に設定されている。これは，外国公務員贈賄罪が不正競争防止法に設定されると同時に増額された金額であるが，それでもFCPA会計処理条項の罰金額上限2500万ドル（約34億円[16]）と比較すると，はるかに小さい金額である。また，公訴時効は日米ともに5年であるが，FCPAの場合には「最後の行為が行われてから」という条件が付いている。このため，FCPAでは行為が連続している限りにおいて遡って責任追及が行われる可能性がある（図表4-8参照）[17]。

　こうして比較すれば，日本の外国公務員贈賄罪に対する処罰が比較的甘いものであることが理解できよう。罰則が甘ければ，法律の実効性は薄れてしまう。日本企業の経営者が，外国公務員贈賄罪を比較的軽い犯罪だとして甘く見ているとしても，無理のないことである。

　とは言え，このような日本の消極的な態度を，国際社会が看過してきたわけでもない。OECD作業部会は，日本に対してフェイズ1からフェイズ4

14　同法の起源である1934年制定の旧不正競争防止法は，日本がハーグ改正条約に参加するにあたり立法措置が必要となった際に，いわゆる「申し訳的な立法」として，罰則規定を含まない実効性に乏しいものだった。梅田（2009），1-31頁。1994年に施行された現行の不正競争防止法は，罰則規定を取り入れて強化されているが，旧不正競争防止法制定時の実質的な主旨に本法の性格が見て取れる。田村（2004），3-4頁。

15　戦後日本の政府・行政セクターによる産業政策において，通産省は，価格機構を否定する政府の直接的介入を積極的に行ってきた。鶴田（1982），8-12頁。日本が1950年代に貿易自由化の波にさらされたのを受け，1963年に通産省産は統制的調整を強め，積極的に市場介入を行うようになった。鶴田（1982），82-114頁。1960年代には資本自由化の波が到来し，通産省は，合併・提携・カルテル的調整などにより産業の集約化を促進した。鶴田（1982），115-158頁。通産省は，一貫して「外圧から国内産業を保護する」というスタンスをとってきたが，こうした態度が原因となり結果的に日本経済はハイパーインフレに陥ったとも言われる。中村（2005），220-225頁。

16　2022年6月23日の為替レート（1ドル=136円）による。

17　OECDによる直近の「フェーズ4審査」では，不正競争防止法における時効の短さが，捜査・訴追の妨げになっていることが指摘されている。OECD（2019）。

図表 4-8　FCPA と不正競争防止法における刑事罰の比較

	FCPA		不正競争防止法
	贈賄禁止条項	会計処理条項	―
制定年	1977 年	1977 年	1998 年
最高罰金額（法人）	200 万ドル	2500 万ドル	3 億円
最高罰金額（個人）	25 万ドル	500 万ドル	500 万円
最高懲役	5 年	20 年	5 年
公訴時効	最後の行為が行われてから 5 年		5 年

出所：筆者作成。

にわたるフォローアップ審査を実施し，そのたびごとに状況の改善を求めて
きた。しかし，これらの要求に対しても，日本政府は消極的な態度で応じて
きた。OECD 作業部会による「フェイズ 1 審査」および「フェイズ 1 追加
審査」を受け，日本政府は不正競争防止法を改正することで国際社会の要請
に応える姿勢を見せたものの，いずれの改正においても抜本的な改善が為さ
れることはなかった[18]。むしろ，政府の対応が後手に回ったことで，この問
題に対する政府の消極的な態度が露呈されたに過ぎなかったとも言える。

　もちろん，昨今では，経済産業省を中心に，海外腐敗行為防止の重要性を
伝えるとともに，その具体的な方法を周知するための取り組みに力が入れら
れている[19]。経済産業省は，日本企業による海外腐敗行為防止の取り組みを
促進するために「外国公務員贈賄防止指針[20]」を数度に渡って改訂し，有識
者との議論を踏まえながら，リスクベース・アプローチを実践するための具
体的な手続きを詳しく解説している。

　とは言え，経済産業省の任務は「民間の経済活力の向上及び対外経済関係
の円滑な発展[21]」を図ることにあり，産業界と協力して企業活動を支援する
ことに，その本来の目的がある。海外腐敗行為防止法制の整備は，長期的に

18　梅田（2011），91-98 頁。
19　そもそも企業関係者のなかには海外腐敗行為が違法行為であるという理解すら得られていない
　　場合もあるという認識に立ち，「外国公務員贈賄罪」に関するパンフレットを作成し配布するなど，
　　地道な努力を続けている。
20　経済産業省（2021b）。
21　経済産業省設置法，第 3 条。

見れば市場の公正な取引を確保することで企業の成長を促すものであるが，短期的に見れば取引にブレーキをかけることもあり，産業界の賛同を得るのは難しい側面もある[22]。その意味で，捜査・執行管轄権を持たない経済産業省が努力を重ねても，経営者のリスク認識を喚起するには限界があるとも言える。

　このように考えれば，日本の政府・行政は，海外腐敗行為防止について十分な対策を講じていないと言える。従って，不正競争防止法の外国公務員贈賄罪が持つ重要性は，国内では十分に知られておらず，その影響力は限定的である[23]。こうした点に鑑みれば，日本企業の経営者の多くは，少なくとも外国公務員贈賄罪を甘く見ていたか，あるいは，その存在すら知らなかったとも考えられる。

2.2　外国公務員贈賄罪の適用

　では，日本の全ての経営者が海外腐敗行為防止法制の存在を知らないのだろうか。あるいは，ほとんどの経営者が，外国公務員贈賄罪を甘く見ているのだろうか。このように言い切ることはもちろんできない。最近では，ごく一部にではあるが，この問題が報道で取り上げられることもあり，社会の関心も徐々に高まりつつある。一部の経営者は，海外腐敗行為防止の重要性に気付き始めていると言えるだろう。

　それでも，実際に経営者が海外腐敗行為を「リスク」と捉えているかについては，依然として疑わしいものがある。確かに経営者は，海外腐敗行為の「違法性」を理解しているかもしれない。また，少なくともそれが「倫理的に良くないことだ」という認識は持っているかもしれない。しかし，彼らは

22　当時の通産省は，不正競争防止法の保護法益が「商取引の公正確保」あるところから，同法を改正する形で，日本に外国公務員贈賄罪を導入したという経緯もある。北島（2011），45頁。

23　2015年に入るまで，日本経済新聞において「外国公務員贈賄」に関連した記事は掲載されていない。不正競争防止法の外国公務員贈賄罪に関する議論が新聞報道ですら十分に取り上げられていなかったことがわかる。

法律が存在していることは理解しているとしても，それが現実に「執行」されることで，企業や個人が「処罰」されることはないと，高を括っている可能性はある。こうした疑念を確かめるには，日本における外国公務員贈賄罪の執行状況を確認する必要がある。さらに，そうした執行状況を経営者がどのように捉えているかについても，検討しておく必要があろう。

　これまで日本では，外国公務員贈賄罪の適用がどれくらい行われてきたのか。過去の執行データを見ると，その件数があまりに少ないことに驚かされる。1999 年に外国公務員贈賄罪が法制化されて以来，すでに 20 年以上が経過しているにもかかわらず，刑事処分は個人に対して 10 件，法人に対して 2 件が行われたのみである。これは，米国やドイツと比較すると圧倒的に少ない数字である（図 4-9 参照）。この点については，OECD 作業部会によるフォローアップ審査でも，再三の指摘を受けているが，状況は改善されていない[24]。今や「日本社会では海外腐敗行為が放置されてきた」というのが，

図表 4-9　米国・ドイツ・日本における外国公務員贈賄罪の刑事処分件数（1999 年-2020 年）

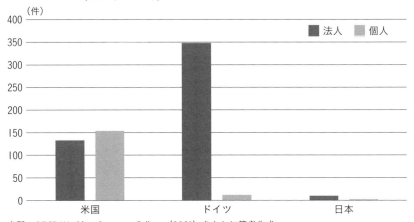

出所：OECD Working Group on Bribery (2021) をもとに筆者作成。

24　OECD Working Group on Bribery in International Business Transactions (2005), OECD (2014, 2019).

国際的な認識となっているとも言える[25]。

　当然ながら，法律は存在しているだけでは，犯罪に対して十分な抑止力を持ち得ない。執行されることで初めて，リスクとして認識され，抑止力を発揮するものである。これまで日本企業に対して外国公務員贈賄罪がほとんど適用されてこなかったために，日本企業の経営者におけるリスク認識を高めるという意味では，法律の効果を十分に発揮させることができなかったと考えるのが妥当である。

　ただし，法執行件数は少ないながら，各事件においてはいかなる判決が下されてきたのか，この点についても確認しておく必要があろう。2015年9月現在，日本で外国公務員贈賄罪が適用された事件として「九電工事件」「PCI事件」「フタバ産業事件」「JTC事件」「MHPS事件」の5つの事件がある。

　九電工事件では，株式会社九電工の社員2人が，フィリピンの国家捜査局（NBI）の関わる自動指紋認証システムの開発・運用事業に関連し，自社システムの契約締結のために，同局捜査局長官と副長官に合計80万円相当のゴルフセットを送っていた。2007年3月16日に，同社の社員2人が不正競争防止法違反の罪で略式起訴され，それぞれ罰金50万円と20万円の略式命令を受けた[26]。

　PCI事件では，パシフィックコンサルタンツ株式会社（PCI）の元幹部が，ベトナムでのODA事業に関係して，同国公務員に不正な利益を供与していた。このため，不正競争防止法違反の罪で起訴され，PCIには罰金7000万円の支払命令が，関係者には2年6ヶ月（執行猶予3年）と1年6ヶ月（執行猶予2年），1年8ヶ月（執行猶予2年）の懲役がそれぞれ言い渡された[27]。

　フタバ産業事件では，中国の税関がフタバ産業株式会社に対して罰金を科

25　トランスペアレンシー・インターナショナルは，ラトビアを除くすべてのOECD条約締約国における，条約の実行状況を評価するレポートを公表し，専門家による調査をもとに，各国の取り組みの状況に対して「積極的な執行」「通常の執行」「限定的な執行」「ほとんどあるいは全く執行されてない」という4段階の評価を与えているが，2014年時点で日本は4段階のうち最低の「ほとんどあるいは全く執行されていない」という評価を受けている。Transparency International（2014）。なお，この状況は2023年現在でも概ね変わっていない。

26　北島（2011），263頁。

27　北島（2011），286頁。

したが，同社関係者がそれを軽減するために地方政府の幹部に現金や高級ブランド品を渡したところ，罰金額が大幅に減ったことがきっかけとなり，贈賄へとつながった。同社の元専務は，不正競争防止法に基づき外国公務員贈賄罪の疑いで逮捕され，2013年10月3日に略式起訴された結果，罰金50万円の略式命令が下された[28]。

　JTC事件では，日本交通技術株式会社（JTC）がODA事業に伴い，ベトナムとウズベキスタン，インドネシアの公務員に利益供与を行ったとされる。JTCおよび関係役員は，上記の案件について起訴された[29]。その後，判決が確定し，JTCには罰金9000万円の支払いが，また事件に関係した3人の被

図表 4-10　日本における外国公務員贈賄罪の適用事例

	事実内容	法人処罰	個人処罰
九電工事件	フィリピンで自社システム契約の早期締結のため国家捜査局局長ら幹部2人に約80万円のゴルフクラブなどを贈った。	—	・罰金 50 万円 ・罰金 20 万円
PCI 事件	ベトナムの ODA 事業に関するコンサルタント業務を受注する見返りとして，同国公務員に60万米ドルを供与した。	罰金 7000 万円	・懲役 2 年 6 ヶ月 　（執行猶予 3 年） ・懲役 1 年 6 ヶ月 　（執行猶予 2 年） ・懲役 1 年 8 ヶ月 　（執行猶予 2 年）
フタバ産業事件	中国の税関に便宜を図ってもらうため，地元政府幹部に数十万円相当の現金や女性用バッグなどを渡した。	—	・罰金 50 万円
JTC 事件	JICA の ODA プロジェクトで，ベトナムの複数の政府関係者に対して計 6990 万円を支払った。	罰金 9000 万円	・懲役 2〜3 年 　（執行猶予 3〜4 年）
MHPS 事件	タイの港に資材を荷揚げする際に，封鎖された桟橋を解放するため，地元高官に約 3900 万円を支払った。	— （合意制度適用）	・懲役 1 年 6 ヶ月 　（執行猶予 3 年） ・懲役 1 年 4 ヶ月 　（執行猶予 3 年）

出所：筆者作成。

28　梶田・田（2018），32頁。
29　日本交通技術（2014a, b）

告に対しては懲役2年から3年（執行猶予3年から4年）が言い渡された[30]。

MHPS事件では，三菱日立パワーシステムズ株式会社（MHPS）がタイ南部カノムにおける火力発電所の建設工事を受注し，資材陸揚げ用仮桟橋の建設許可を取得する際に，タイ運輸省港湾支局長や海上警察幹部ら現地公務員から賄賂を要求され，約4000万円相当の現金を供与していた。被告人2名には，それぞれ懲役1年6ヶ月（執行猶予3年）と懲役1年4ヶ月（執行猶予3年）が科された。なお，この事案には「証拠収集等への協力及び訴追に関する合意制度（合意制度）」（日本版司法取引制度）が適用された。その結果，会社は刑事訴追を受けていない[31]。

これらの事件の判決を概観すると，いずれの事件においても，罰金額は小さく懲役も短いうえに，全て執行猶予付きである（表4-10参照）。つまり，外国公務員贈賄罪が適用されたところで，現実に関係者が負う法的リスクはさほど大きくない。もちろん，有罪となった事案はいずれもそれほど深刻ではなかったという理由もあろうが，過去の執行状況を目の当たりにした経営者が「法が執行されたとしても企業が被る損害は微々たるものだ」「自分が大きな責任を問われることもない」と考えても不思議ではないだろう[32]。

このように，法律の制定，改正，執行のいずれの局面を見ても，日本の政府・行政セクターは，経営者の誤ったリスク認識を是正するという役割を，十分に果たしてこなかったことがわかる。こうした状況のなかで，日本企業の経営者は，リスクを十分に認識することができなかったことが理解できよう。

30　日本交通技術（2015）。

31　経済産業省（2021b）。

32　日本の税務当局は，海外腐敗行為を発見した場合でも，それを黙認している。JTCは，2008年から2012年までの5年間で，ベトナムなど3ヶ国で計60億円のODA事業を受注した見返りとして，相手国の公務員らに約1億円のリベートを支払っていた。2013年に同社に対して東京国税局による税務調査が行われたが，この際に担当官から海外でのリベート提供について「使途秘匿金」によって税務処理をする方法を提案され，JTCはこれに従い処理を行ったという。

3 ● 市場セクターの視点
ガバナンスにおける風通しの悪さ

　株主は，企業にとって最も重要なステークホルダーのひとつである。経営者にとっては，株主の意見を無視して経営判断を行えば，自らの地位を危うくすることにもなりかねない。したがって，海外腐敗行為が深刻なリスクとなっている今，この問題に関しても，株主を無視して語ることはできないだろう。そこで，焦点を市場セクターに移し，海外腐敗行為を巡る国内外の株主・投資家の動向に注目しながら，それが経営者のリスク認識にいかなる影響を与えているのかについて，次の2点に焦点を当てながら検討する。

　第一に，経営者のリスク認識に関して，株主に求められている役割である。株主はコーポレートガバナンスを通じて，経営者や企業の違法行為を防ぐことができる。こうした役割を日本の株主が果たしているのかについて，事例を通じて検討しておきたい。

　第二に，海外投資家の動向に着目し，彼らが経営者のリスク認識にいかなる影響を及ぼし得るのかを考えてみる。近年，日本の証券市場における海外投資家の存在感が大きくなっている。海外腐敗行為防止においても，海外投資家の行動が，日本企業の経営者に対していかなる影響を与えているかを確認しておく必要がある。

3.1　株主による責任追及

　海外腐敗行為に限らず，経営者による違法行為や任務懈怠があり，その結果として企業に処分が下された場合，株主は配当の減少や株価の下落などにより損害を被ることがある。この場合，会社（監査役）は経営者に損害賠償を請求することができるが，会社が訴訟を提起しない場合には，それに代わって株主が経営者を訴えることもできる[33]。これを「株主代表訴訟」という。

33　会社の損害に経営者の違法行為や任務懈怠が介在している場合は，会社法では，株主は経営者の信任義務違反に対して損害賠償請求をすることができる旨が規定されている。会社法第847条第3項。

株主代表訴訟制度に求められているのは，単に，経営者に会社の損害を賠償させるという一次的な役割だけではない。経営者に直接的なリスク，すなわち代表訴訟を提起され，民事責任を追及される可能性を認識させることにより，違法行為を防止するために適切な注意を払うことを経営者に促すという，二次的な役割も期待されている[34]。では，実際のところ，日本企業の株主はこうした役割を全うしているのだろうか。

　少なくとも国内の贈賄事件に関して言えば，株主はこの役割を果たしていると言える。それを象徴する事例として「鹿島建設株主代表訴訟和解事例」がある。鹿島建設は，国会議員など複数の政治家に対して違法な政治献金を行った罪で，公共工事における入札制限や課徴金支払命令を受けたが，その結果として同社は 30 億円にものぼる損害を被ったため，株主オンブズマンのメンバー 2 人が鹿島建設の取締役ら 5 名を相手に損害賠償請求訴訟を起こしたのである。この訴訟は和解によって決着がつけられたものの，当時の代表取締役社長らは賠償金支払要求に応じ，部下の違法行為を防止することができなかったという理由で，任務懈怠をも認めることになった[35]。

　この事例を見る限りでは，少なくとも国内の事例については，贈賄行為が企業に損害をもたらすという事実を株主が認識し，経営者の責任を厳しく追及していることがわかる。こうした行動が経営者による贈賄への関与，あるいは任務懈怠に対して，一定の抑止力になっているとも考えられよう。では，同じ「贈賄」行為でも「外国公務員贈賄」すなわち海外腐敗行為の場合はどうだろうか。

　日本企業が直接関与した過去の事件を見ると「不正競争防止法違反として日本で摘発されたケース」と「FCPA 違反として米国当局に摘発されたケース」の 2 種類がある。ただし，不正競争防止法における外国公務員贈賄罪については罰金額が小さく，適用もほとんど行われていないため，ここでは

---

[34]　株主代表訴訟制度の意義は，取締役の業務執行に対して株主の監督機能を強化し，企業経営の完全性を確保することにあるとされている。つまり，取締役が株主による責任追及を恐れ，違法行為に注意を払った会社運営を行う「抑止効果」という目的が持たされているのである。高橋 (2008)，30 頁。

[35]　商事法務研究会 (2001)，203-204 頁。

議論の俎上に上ってこないだろう。

　一方，FCPA違反として米国当局に摘発されることになれば，企業が支払う罰金額は桁違いに大きくなる。そこで，日本企業に対してFCPAが適用された過去の6つの事例を概観すると，いずれのケースにおいても，企業に対して高額の制裁金が科されている（図表4-11）。この場合，当然ながら株主は経営者の責任を問うことができるし，また，そうするべきであろう。

図表4-11　日本企業に対するFCPAの執行

	事実内容	法人処罰
ブリヂストン	ラテンアメリカ諸国におけるマリンホースの販売を確保するため，現地のエージェントを介して，国営企業関係者から情報を入手した[1]。	・2800万ドルの罰金（有罪答弁合意）
日揮	ナイジェリアでジョイント・ベンチャーに参加し，EPC契約を勝ち取るためにナイジェリア政府高官に対して賄賂を提供した[2]。	・2億1880万ドルの罰金（有罪答弁合意）
丸紅	上記の日揮におけるナイジェリアの案件につき，ジョイント・ベンチャーが政府高官に賄賂を渡す際に，エージェントとして支払いに関与した[3]。	・5460万ドルの罰金（起訴猶予合意）
丸紅	インドネシアでの電力供給関連プロジェクトへの入札において，契約に影響力を行使できるインドネシア政府公務員および政府関連会社の社員に対して賄賂を提供した[4]。	・8800万ドルの罰金（有罪答弁合意）
日立	南アフリカの発電所建設プロジェクトにおいて，契約を獲得するために，現地に子会社を設立し，現地与党のフロント企業による出資を受け，配当と成功報酬を与えた[5]。	・1900万ドルの罰金（民事制裁）
パナソニック	パナソニックの米子会社は，航空機向けの娯楽システムに関して，外国の国営航空会社との7億ドル規模の契約成立のために政府関係者を自社の顧問として雇用し，その報酬を隠蔽していた。	・2億8060万ドル（起訴猶予合意）

1) U. S. Department of Justice (2011a), pp. 6–7; U. S. Department of Justice Office of Public Affairs (2011a).

2) U. S. Department of Justice (2011b), pp. 2–4, 7–8; U. S. Department of Justice Office of Public Affairs (2011b).

3) U. S. Department of Justice (2012), p. 30

4) U. S. Department of Justice (2012), p. 30; U. S. Department of Justice Office of Public Affairs (2014b) .

5) U. S. Securities and Exchange Commission (2015).

出所：筆者作成。

しかし，海外腐敗行為の場合，事件後の動向を見ても，株主は経営者の責任を一切追及していない。この点が事実であることを，過去に FCPA 違反で摘発された日揮と丸紅のケースを取り上げ，確認しておきたい。

　日揮は，ナイジェリアでの石油関連事業に関して，政府高官に賄賂を渡したことで[36]，FCPA 違反により DOJ（米国司法省）に摘発され，2 億 1880 万ドルの罰金支払いを命じられた[37]。この事件においては，同社の経営幹部も不正行為に関与していたということが明らかになっている[38]。にもかかわらず，少なくとも公開情報を見る限りでは，この幹部は社内で処分を受けておらず，株主が民事責任を追及したという事実もない[39]。また，ナイジェリア贈賄事件には丸紅も関与しており，加えて同社はインドネシアの贈賄事件にも関与していたが，いずれの事件においても株主が経営者の責任を追及したという事実はない[40]。

36　U. S. Department of Justice（2011b），pp. 2–4; 7–8.

37　U. S. Department of Justice（2011b），pp 7–8; U. S. Department of Justice Office of Public Affairs（2011b）．

38　U. S. Department of Justice.（2011b），pp. 9–10.

39　日揮は，平成 22 年 3 月期決算短信および第 114 期有価証券報告書および第 114 期株主通信にて「ナイジェリア LNG プロジェクトに関する件」と題し，FCPA 違反により日揮が DOJ とSEC（米国証券取引委員会）による調査を受けており，DOJ との間で解決に向けての協議開始を報告している。平成 23 年 1 月 31 日にホームページにて「損失計上ならびに通期業績予想の修正について」と題し，ナイジェリアでの FCPA 違反の件につき，DOJ と和解する方向で解決を図ることが取締役会で決議された旨を報告している。また臨時報告書にて，ホームページで報告された上述の内容に加え，今後発生すると予想される和解金を引当処理して特別損失として計上し，ナイジェリア政府と和解が成立したことに伴い発生した和解費用 23 億円を特別損失として計上する旨の予定を報告している。平成 23 年 4 月 7 日には，ホームページ上で「ナイジェリア LNG プラントプロジェクトに係る米国司法省との和解」と題し，DOJ と DPA（起訴猶予合意）を締結し，和解金を支払うことに合意したこと，および本件に関して「和解費用引当金繰入額」として 178 億円を特別損失として計上したことを報告している。日揮がナイジェリア贈賄事件に関連して開示した情報は以上であり，経営者の責任追及に関する記述は見られない。

40　丸紅はナイジェリア贈賄事件とインドネシア贈賄事件に関与し，DOJ による摘発を受け，それぞれに関して 5460 万ドルと 8800 万ドルの罰金を支払った。2012 年のアニュアルレポートにて，「ナイジェリアでの取引に関し FCPA 違反の疑いで DOJ の調査対象となり，2012 年 1 月に起訴猶予合意を締結した」という旨を報告している。さらに，平成 26 年 3 月期決算短信にて「インドネシア火力発電所向ボイラー案件に関する米国司法省との合意について」と題し，フランス企業の米国子会社およびインドネシア子会社と構成したコンソーシアムが起用した代理店が，インドネシア公務員に対して不正な支払いを行った疑いがあるとして，FCPA 違反の疑いで調査を

もちろん，これらの点だけを取り上げて「日本企業の株主が海外腐敗行為を重要な問題と捉えているか否か」を判断することは，適切でないだろう。ただし，少なくとも事実上は，日本企業による海外腐敗行為への関与を，株主たちが容認してきたと主張することは可能である。このような株主の態度を見て，経営者が「たとえ我が社がFCPA違反で米国当局に摘発されたとしても，経営者としての監督責任を追及されることはないだろう」と思っても，不思議ではない。結局のところ，経営者は海外腐敗行為のリスクを，自らに直接関係ある問題としては捉えていないと考えられよう。

3.2　株式持合の影響

　日本では，事実上，株主が海外腐敗行為を容認してきたことがわかった。もっとも，海外腐敗行為が社会的に大きな問題として扱われていないという日本の現状を考えれば，これは容易に想像がつくことだとも言える。しかし，日本企業にとって「株主」と言った場合，それは必ずしも「日本人」や「日本企業」に限定されるものではない。というのも，そこには外国人や外国企業が含まれるからである。特に近年では，日本企業の株式所有構造に占める，外国人株主の割合は増加傾向にあるため，彼らの行動や態度が日本企業の経営にもたらす影響につても，無視することはできない。この点について，日米を比較しながら検討しておきたい。

　米国では海外腐敗行為に厳しい規制が敷かれていることから，日本と比べてこの問題に対する社会的な関心も高いと考えられる。特に株主にとっては，上場企業に適用されるFCPA会計処理条項の影響は，無視できないくらいに大きなものとなっているだろう。なぜなら，同条項は罰金上限額が高く，違反した場合に株主が被る損害は並外れて大きなものとなるからだ[41]。また，

受け，その結果としてDOJと司法取引契約を締結し，8800万ドルの罰金を支払うこととした旨を報告している。丸紅がナイジェリアとインドネシアでの贈賄事件に関連して開示している情報は以上であり，こちらにおいても経営者の責任を追及するという内容は見られない。U. S. Department of Justice Office of Public Affairs. (2014b).

41　FCPA違反で企業に科される刑事罰は，贈賄禁止条項違反では200万ドル以下の罰金，会計処理条項では2500万ドル以下の罰金である。個人に科される刑事罰は，贈賄禁止条項違反では

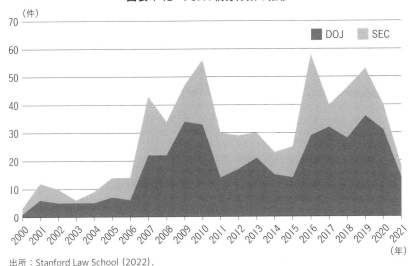

図表 4-12　FCPA 執行件数の推移

（件）

出所：Stanford Law School (2022).

FCPA は 2000 年代中盤以降，執行が非常に活発化しており，罰金額も高額化している。したがって，外国人投資家，特に FCPA の強い影響下にある米国の投資家であれば，それが企業にとっていかに大きなリスクとなっているかを理解しているに違いない。

　では米国の投資家の意見は，日本企業の経営者のリスク認識に，影響を与えているのだろうか。結論を言えば，その影響は依然として限定的だと言わざるを得ない。理由は，日本の証券市場にて，長らく株式の持ち合いが続いてきたことに求められよう（図表 4-13）[42]。

　戦後長期にわたって継続された持ち合いには，企業に「安定経営」をもた

---

10 万ドル以下の罰金および 5 年以下の懲役，会計処理条項では 500 万ドル以下の罰金および 20 年以下の懲役である。実際，FCPA 違反として当時過去最大の罰金支払・不当利益返還額を記録したシーメンスは，会計処理条項違反とし 8 億ドルの支払命令に応じている。U. S. Department of Justice (2008b), pp. 8-39.

42　日本の上場企業の株式所有構造は，長く金融機関や事業会社による安定保有によって特徴付けられてきた。この株式保有の中心は持ち合いであり，長期的な取引関係を基礎として経営者間の暗黙の契約によって支えられていた。宮島・新田（2011），2 頁。

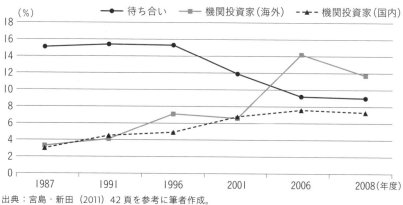

図表 4-13　株式所有構造の変遷

出典：宮島・新田（2011）42 頁を参考に筆者作成。

らすというメリットもあったが，その反面で，株主による監視機能の形骸化といった欠点もあったと指摘されている[43]。このため，株主が海外腐敗行為に関わるリスクを認識したとしても，それを経営者に正しく伝えることは困難であったはずだ。これは外国人株主においても同様であろう。

　確かに，1990 年代以降，持ち合い構造は徐々に解消されてきた。それとともに，外国人投資家比率が上昇し，彼らの存在感が大きくなってきたのも事実である[44]。とは言え，2022 年現在でも持ち合いが完全に消滅したわけではない[45]。このため，少なくとも部分的には，株主の声が経営者に伝わるのが阻止されているという側面も残っているだろう。結果として，外国人投資家が経営者のリスク認識を喚起しようにも，その声は日本企業の経営者に届きづらかったと考えられる。

43　丸山（2003），69 頁。
44　宮島・新田（2011），2-8 頁。
45　滝西（2022），27-44 頁。

4 ● 小括

　本章では，海外腐敗行為に関する経営者のリスク認識について，下記 3 つの視点から考察を加えてきた。ここで，今一度，内容を整理しておきたい。

　第一に，企業セクターに着目し，次の 2 点を考察した。まず，日本企業のグローバル化が近年になって急速に進行したことである。海外展開の経験が浅い経営者は，海外のいかなる法律が企業に適用されるかについて，十分な知識を持っていないことが指摘された。とはいえ，なかには，海外経験が長く，海外のビジネス事情に詳しい経営者もいるだろう。そこで，次に，日本企業の進出が著しい新興国では，これまで腐敗行為が日常的に行われてきたという点を確認した。海外事業の経験が長い企業であっても，これまでの現地の商習慣に慣れ親しんだ経営者は，贈賄をビジネス上の手段と考えていることが確認された。こうした理由から，日本企業の経営者が海外腐敗行為に係るリスクを十分に認識することができない状況にあると言えるのではなかろうか。

　第二に，政府・行政セクターに焦点を当て，次の 2 点について考察した。まずは，通産省が，OECD 条約の外圧を受けて，消極的にこの問題に対応してきたという点である。このため，日本では海外腐敗行為を規制する法律の存在が十分に周知されておらず，多くの経営者は法律の存在すら知らなかったと考えられる。しかし，少なくとも規制の存在については知っているという経営者もいるだろう。そこで，次に注目したのは，日本の当局がこれまでにほとんど国内法を執行してこなかった点である。日本企業の経営者は，たとえ法律の存在を知っていたとしても，それが実際に執行されるとは考えていないことがわかった。以上の理由から，政府・行政セクターは，海外腐敗行為に係るリスクを，経営者に対して十分に認識させることができていないのである。

　第三に，市場セクターに焦点を当て，次の 2 点について分析した。1 点目は，株主代表訴訟による経営者の責任追及である。株主代表訴訟には，経営者の責任を追及するだけでなく，不正行為を抑止する機能が期待されている。海

外腐敗行為問題において株主がこうした権利を行使すれば，経営者は海外腐敗行為に係るリスクを認識するようになるが，日本企業の株主は，過去の事例においてこの権利を行使してこなかった。このため，日本企業の経営者は海外腐敗行為に係るリスクを十分に認識させられてこなかったと言える。2点目は，外国の株主の影響である。FCPAの強い影響下にある米国の投資家は，海外腐敗行為に関わるリスクを十分に認識していると考えられる。しかし，日本企業では株式持ち合いによって，外国人株主の声が，企業経営に十分に反映されてこなかった。海外腐敗行為に関しても，FCPAを遵守すべきという米国の株主の声は，日本企業の経営者には届かなかったと考えられる。

　上記の内容から，日本企業の経営者が海外腐敗行為に係るリスクを十分に認識していないという問題の外的要因が確認された。日本企業にとって，海外腐敗行為に係るリスクは日増しに大きくなっている。その意味で，グローバルな事業環境と日本企業の経営者の認識の間には，大きなギャップが存在していると言えるだろう。

第 5 章

克服すべき課題 2：
リスク対応の先送り行動

　ここまでに，経営者の「リスク認識が不足している」という問題を取り上げ，その遠因を追究してきた。おそらく多くの経営者は，この段階でつまずいているというのが現実だろう。とはいえ，日本企業の取り組みが進まない理由の全てを，リスク認識の問題に帰着させるのは，さすがに尚早である。というのも，なかにはリスクを正しく認識し，次のプロセスである「規程類作成」に歩を進める経営者もいるからだ。

　しかし，ここでも大きな壁が立ちはだかる。なぜなら，経営者は規程類作成の段階において「判断を誤ってしまう」という可能性があるからである。そこで本章では，この問題を引き起こすと考えられる外的要因を明らかにするため，以下の3点を中心に検討を加えていきたい。

　第一に，企業セクターの問題として，経営者をとりまく社内の環境を考える。元来日本には，欧米社会とは異なる独特の社会観があり，またそれに基づく形で，企業にも独特の組織観が存在すると考えられている。ここでは，経営者自身が持つ組織観と，経営者をとりまく組織内部の人間関係に着目し，これらが経営者の判断にいかなる影響を与えているか，企業セクターの観点から検討してみたい。

　第二に，政府行政セクターの問題として，日本の内部統制規制を取り上げ，米国の規制と比較分析する。近年，米国では企業の内部管理体制に政府が積

極的に関与する傾向がある。その影響から，日本企業にも米国流の管理体制が導入されている。そうした傾向が経営者の判断に与える影響も無視することはできないだろう。そこで，政府・行政セクターの観点から，海外腐敗行為防止の内部統制に関して，日本の法制度が経営者にいかなる体制整備を要求しているかを整理しておく。

第三に，市場セクターの問題として，企業のディスクロージャーと投資家によるガバナンスの関係を考える。昨今，欧米社会では，機関投資家が企業のコンプライアンスを巡り，ガバナンスを通じてマネジメントに深く関与する傾向が見られる。これは，海外腐敗行為防止のコンプライアンスにおいても例外ではない。そこで，市場セクターの観点から，投資家による海外腐敗行為防止を巡る行動を分析する。特に，この問題に関する企業のディスクロージャーと，それを担保するための内部統制構築を，日本の投資家が経営者に正しく要求しているかどうかを確認しておきたい。

1 企業セクターの視点
日本的組織観と内部統制のミスマッチ

日本企業の経営者をとりまく社内の環境は，経営者の判断にどのような影響を与えているのだろうか。企業セクターの観点から，以下の点に注目して考えてみる。1点目に，日本人の持つ伝統的な組織観がいかなるものかを確認する。それをもとに，経営者の持つ組織観が，自身の判断に与える影響がいかなるものかを考えてみる。2点目に，日本企業の経営者をとりまく社内の人間関係に焦点を当てる。人間関係というしがらみのなかで，経営者が意思決定をする際に，周囲からいかなる影響を受けるかを検討する。

1.1 経営者の組織観

海外腐敗行為防止の方針として日本企業がしばしば採用するのが，社内の倫理規程に「公務員への私的な支払いを一切禁止する」というような項目を追加し，現場での判断は「担当者に一任する」といったものである。このよ

うな方針は，組織の隅々にまで倫理的な価値観が浸透している場合には，十分な効果を発揮するかもしれない。しかし，FCPA（海外腐敗行為防止法）のもとでは，こうした個人的な信頼関係に基づく管理体制は，原則的に認められていない。なぜなら，既に確認した通り，FCPA は企業に対してリスクベース・アプローチの実践を要求しているからである。したがって企業には，海外腐敗行為を巡るリスクを合理的にコントロールするための内部統制構築が，何より求められる[1]。

とは言え，内部統制とは，そもそも米国の法制度のなかで確立されてきたシステムであり，それを輸入する形で，日本企業にも取り入れられるようになったものである[2]。このような米国流のシステムを，先進国のなかでも特徴的と言われる日本の企業組織に導入したところで，果たして有効に機能するのだろうか。

日本人の持つ組織観は独特だと言われる。その理由は，自らをとりまく社会的環境を，波紋のような「同心円的概念（Concentric Circle）」として捉える点にある。つまり，波紋の中心には自分がいて，外に向かって「家族」「友人」「日本」「世界」が存在していると考えるのである[3]。このサークルでは，中心に近づくほど信頼に基づく人間関係が構築されるが，中心から離れるほど競争的・敵対的な人間関係が支配的となる。

日本では，ビジネスの世界も，基本的にはこれと同様の感覚で捉えられる[4]。日本企業は，子会社や親会社をひっくるめて，家族のようなものだと考えら

---

1 SEC は，必ずしも贈賄禁止条項に連携させたものではなく，あくまで会計処理条項を独立したものとして扱い，その目的を企業の内部会計統制システムの整備に向けたものとして運用してきた。つまり，海外腐敗行為の事実がなくとも，それを効果的に防止するための取り組みを企業が怠っていれば，FCPA 違反として摘発される可能性があるということである。柿﨑（2005），78 頁。

2 米国では 90 年代前半までに企業倫理の制度化が大きく進み，コンプライアンスが規制によって強化される傾向にあった。確かに，90 年代中ごろからは，企業倫理を経営戦略の一環として捉える価値共有型の見解への転換が見られた。しかし，2002 年に起きたエンロンスキャンダルをきっかけに，SOX 法が制定され，こうした動きは 180 度転換されるようになった。米国は，企業倫理の制度化によるコンプライアンス型の社会に回帰していると考えられる。梅津（2003），19-25 頁。

3 京極（1983），191-195 頁。

4 Taka & Dunfee（1997），pp. 173-186.

図表 5-1　日本人の組織観：同心円的概念

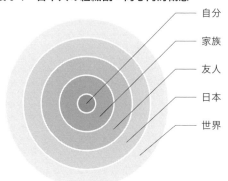

　　　　　　　　　　　　　　　　　　　　自分
　　　　　　　　　　　　　　　　　　　　家族
　　　　　　　　　　　　　　　　　　　　友人
　　　　　　　　　　　　　　　　　　　　日本
　　　　　　　　　　　　　　　　　　　　世界

出所：京極（1983）および Taka & Dunfee（1997）をもとに筆者作成。

れており，その家族を取り巻くように，メインバンクや同業他社，長期の得
意先などがいて，そのさらに外側には海外の未開拓なマーケットがある。こ
のため，内側に向かうほど，家族的な長期の信頼関係が重要となる一方で，
外側に向かえば，短期的かつ競争的な関係が志向されるようになる[5]。

　確かに，こうした関係性は日本の企業組織に根強く存在している[6]。元来，
日本では，従業員が企業に強い忠誠心を抱き，企業は終身雇用と年功序列に
よる社員の保護という形でその忠誠心に応えてきた[7]。これが，結果として
社内に強い結束力を生み，内部統制を導入するまでもなく，自然な統制を可
能ならしめてきたのである[8]。つまり日本企業には，家族的な人間関係が組
織を支配してきたという側面があり，組織の統制においては，それが一定の
効果を発揮してきたとも言えるだろう[9]。

5　Taka & Dunfee（1997），pp. 173-186.
6　ドーア（2001），31-32頁。
7　アベグレン（1970），40頁。
8　Vogel（1980），p. 142.
9　経営者を中心とした同心円で考えれば「会社」の外側——すなわち京極（1983）で言うところ
　　の「友人」サークルに該当——には，メインバンクや同業他社，関係会社，長期の取引先があり，
　　系列（Keiretsu）と呼ばれる企業集団もここに属するとされる。こうした関係性は，1980年代
　　までに日本型経営システムとして定式化されてきたが，その特徴として「長期的成長志向」「重
　　層的情報共有」「集団主義」などが挙げられ，これらの特徴が，日本企業の競争力を高めたと言
　　われる Taka & Dunfee（1997），p. 180.

図表 5-2　日本企業の同心円的組織観

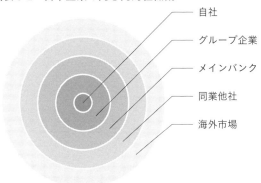

自社

グループ企業

メインバンク

同業他社

海外市場

出所：Taka & Dunfee (1997) をもとに筆者作成。

　また，こうした組織観を持つ日本企業に，米国式の内部統制の導入が強く
求められたため，それが日本の伝統的な組織観との間で摩擦を生んでいる可
能性もある[10]。なぜなら，家族的な信頼関係に基づく組織に，規律的なルー
ルを導入したとしても，それが有効に機能するとは限らないからである[11]。
おそらく，インフォーマルな関係が支配する組織に，フォーマルな規則を導
入したとしても，組織のメンバーはそれをオーバーライド（無効化）してし
まうのだろう[12]。したがって，海外腐敗行為防止に関して細かいルールを設
定したところで，信頼関係にある他のメンバーに強く求められれば，規則を

10　日本的組織観からもたらされる閉鎖性と固定性は，新たな情報の組み換えや交換が必要な時に，
　　問題を引き起こすとも言われている。特に，成長が鈍化したり，企業間関係や事業内容の全く新
　　しい組み換えが必要となったり，まったく新しい産業の創出が必要となった場合には，その有効
　　性・機動性に大きな問題を含むと指摘されている。Taka & Dunfee (1997), p. 180.
11　小林他 (1995)，212-215 頁。
12　日本企業では，内部統制が機能不全を起こしていると言われることもある。「日本的な資本主
　　義を突き詰めて考えたとき，そこには『コントロールする』という動態的な発想がないことに気
　　づく。原因はどうあれ，ムラオサが腹を切る。また同じことが起こった時には，そのときのムラ
　　オサが腹を切る。原因を究明して是正するという発想ではなく，原因はともかくとして『経営者
　　が責任さえとればよい』という場当たり的な発想なのだ」という主張もある。木村 (2003)，122
　　頁。

破ることもやぶさかではないのだ。

　ただし，近年になり，ようやく日本企業でも内部統制システムの導入が進み，米国式の管理体制が徐々に定着し始めたというのも事実である。特に，国内の問題に対応するという意味では，少なくとも大企業に限って見れば，大方においてコンプライアンスが徹底され始めていると言っても過言ではなかろう。では，日本企業にとって，内部統制の導入が困難だと言うのは，過去の話なのだろうか。答えは「No」である。むしろ，企業活動のグローバル化が加速する現在では，この問題が新たな形で再浮上しているとも言えよう。

　内部統制が日本の企業組織に馴染みにくいという特徴は，海外腐敗行為の問題においては，より顕著に表れることになる。なぜなら，日本人が外部環境——例えば外国の社会など——に積極的に溶け込もうとする場合，同心円的社会観が逆機能を働き，むしろ「郷に入っては郷に従え」という考えにも結び付くと考えられるからである。これが裏目に出れば，国内では認められないような行為であっても，現地の慣習に従うという口実のもとに，海外では認められてしかるべきものと捉えられてしまうはずである。こうした考えに基づけば，新興国に赴任した日本企業の駐在員が，現地で頻繁に腐敗行為を目にするにつれ，いつの間にかそれを当然の行為として受け入れてしまったとしても，不思議ではない。

　このため，たとえ企業が規律的なルールを導入していたとしても，腐敗の蔓延する海外進出先では，その国の慣習に沿って，海外腐敗行為を行うことが正当化されてしまう。ここでもやはり，日本人の伝統的な社会観は，海外腐敗行為防止において，内部統制を無効化させるという欠点として発現してしまうのである。

　企業が海外進出をすれば，国内では想像もできないような問題に直面することも多い。このため，たとえ内部統制が構築されていたとしても，それが国内の問題のみを念頭に置いている場合には，海外特有の問題には対応できないだろう。内輪ではまじめな人間でも，知らない土地に行けば羽目を外すこともあるように，国内では徹底されているコンプライアンスが，日本の法律や慣習の及ばない海外では「旅の恥はかき捨て」と言わんばかりに蹂躙さ

れる場合もあるのだ[13]。

　日本企業にとって，米国式の内部統制を導入することには多少なりとも抵抗があったはずだが，特に海外腐敗行為防止においては同様の問題がより強く現れると考えられる。それ故，日本企業の経営者は，たとえリスクの増大を認識したとしても，正しい判断を下せるとは限らないと言える。

1.2　組織内部のしがらみ

　企業が海外に進出するようになれば，否応なしにリスクの増大を実感させられる場面も出てくるはずである。このとき，実効性のある内部統制の構築・運用の必要性に，少なくとも「気付く」ような，賢明な経営者がいたとしても不思議ではない。しかし，たとえそれに気付いたとしても，経営判断として実行に移すという段階には至らない場合がある。これは何故だろうか。

　ここで問題となるのは，海外腐敗行為防止の内部統制を構築する際に，現行の管理体制を評価しなければならないという点である[14]。腐敗行為が常態化する新興国に進出する企業では，多くの経営者や従業員が，過去に多少なりとも海外腐敗行為に関与した経験があることは否めないだろう。もし，過去にそうした事実がある場合に，デューディリジェンスの一環として社内調査を実施すれば，それらの事実が暴かれてしまうことになる。

　ここに「問題の先送り」という経営者の典型的な判断ミスの現れる余地がある。つまり，現行の管理体制に問題があることがわかっていながらも，あえてそれに対策を講じることをせずに，看過してしまうのである。問題の先送りには，問題を見てみぬふりしてしまう「黙認」と，それを積極的に隠す「隠ぺい」の２つのパターンがあると考えられるが，以下，それぞれが引き起こされる要因について考えてみたい。

13　日本人は４番目の同心円である「赤の他人」に対して「旅の恥はかき捨て」と考えることができる。なぜなら，そこはお互いに匿名ないし無名である大社会の範囲であるからだ。このような「恥のかき捨て」は５番目の「広い世界」すなわち海外においては，なおさら起こり得ると言えよう。京極（1983），192頁。
14　Goelzer（1997），pp. 282-302.

経営者が，問題を「黙認」してしまうのは，「今やらなくても，後の世代の経営者が取り組みをしてくれるだろう」などと楽観的に考え，当面はそれを放置しておくのが良いと判断してしまうからだ[15]。これは，経営者が日本の外国公務員贈賄罪を過度に軽視していることに理由があるだろう。政府・行政セクターの問題にも関係することだが，日本では，不正競争防止法の公訴時効が5年であるため「それを過ぎればお咎めなし」ということになる。その結果，経営者が「自らの在任期間中に問題が発生しなければよい」と考えるとすれば，リスクの存在をわかっていながらも，それを合理的にコントロールしようとは思わないことになる。

　また，実際に社内で違法行為を発見した場合には，迅速に証拠を保全したうえで，当局に情報提供することが求められるわけだが，ここで判断を誤れば「隠ぺい」が行われることになる[16]。このような問題が生じるのは，日本企業に典型的な「内部昇進型」の経営者が，周囲の人間関係にしばられていることに，主な原因があるだろう[17]。なぜなら，自らの判断の下に，企業にとって最も正しい決断を下したとしても，それがこれまでの方針と大きく異なっていれば，先代の顔に泥を塗ることになるからだ。このため，過去に企業が不正行為に関与したことがわかっている場合には「今，アクションを起こせば，先代の悪事がばれてしまう」と考え，「言いたいこと」や「言うべきこと」が言えなくなってしまう。その結果，やはり経営者は合理的な判断

15　経営者は損失回避的な行動を取ると考えられている。経営者がリスク対策の取り組みを始めれば，リスクを回避することで利益を得られる一方で，巨額のコンプライアンス改革コスト，すなわち損失を被る。これらの利益と損失を比較したときに，リスク対策のもたらす利益が，対策に伴う損失よりも相対的に小さく見積もられてしまう。その結果，経営者は「問題の先送り」をしてしまう。Kahneman (2011), pp. 278-288. 経営者による「問題の先送り」を体現する典型的な事例として，オリンパスによる粉飾決算と歴代経営者の対応が挙げられる。田中 (2013), 349-350 頁。

16　事実の隠蔽が行われると，帳簿記録の改竄に手を染めることにもなりかねない。典型例としては，オリンパスの粉飾決算事件が挙げられよう。この事件では，問題先送りの手段としての「損失分離スキーム」と問題隠ぺいの手段としての「損失解消スキーム」を通じて，長期にわたる粉飾決算が行われてきた。オリンパス株式会社監査役等責任調査委員会 (2012), 20-77 頁。

17　日本の取締役会は，米国と比較して役員数が多く，そのほとんどが社内取締役である。また，社長は退任後に取締役会会長に就任する確率が高い。このため，経営陣のほとんどが内部昇進型の取締役で，先代の社長は退任後も取締役会に残るケースが多い。吉森 (2001), 141-142 頁。

を下すことができなくなるだろう[18]。

　本来は，こうした事態を防止するために，社外取締役や社外監査役には，経営者を監督するという役割が求められている。彼らには，中立的な立場から企業を公正な行動へと導くために，経営者に対して経営方針や組織体制の変革を迫ることが期待されているはずである。

　しかし日本では，取締役や監査役といったポストには，主に経営者に個人的に選ばれた社内の人間が就くことが多く，社外取締役・社外監査役の比率は，伝統的に低い傾向にある[19]。このため，社内で不正行為が発見された場合に，それを伝えるべき中立的な取締役がいないという問題を抱えているのだ。こうした理由から，たとえ誠実な従業員が，海外腐敗行為の事実を発見したとしても，それを経営者に伝えるのは難しく，たとえ伝えることができたとしても，正しい判断を促すには至らないのである。

18　オリンパスによる粉飾決算の事例を見ると，当時の経営者である菊川が問題先送り行動に出た理由の一部が，組織内部のしがらみにあることを見て取ることができる。菊川は「会社が簿外で巨額の損失を隠していることは知っていましたが，公表が与える影響に思い悩み苦悶の日々が続きました。今思えば公表する機会はありましたが，優柔不断で踏み切れませんでした。なぜ決断しなかったか，慚愧の念に堪えません」と述べ，また「巨額の含み損があることを公表すれば，金融機関からの融資が途絶えて会社がつぶれると考えた」とも述べており，これらのコメントから，周囲の人間への影響を考えるあまり，違法行為だとわかったうえで不正を働いている様子が見て取れる。田中（2013），349–350頁。

19　日本では，社内取締役は社長によって選任されることが多いために，当然ながらこれら社内取締役は，自分を選任してくれた社長に忠誠を誓うことになる。取締役会の役員にとって，社長はいわば直属の上司であり，これを批判，助言することなど問題外で，ましてやこれを監視，場合によっては更迭，降格するなどは考えられないだろう。このため，社長に対する取締役会の監視機能は全くと言ってよいほど働かないのである。吉森（2001），149頁。ただし，近年は社外取締役の役割を強化する動きが見られる。2014年6月に取りまとめられた政府の成長戦略「『日本再興戦略』改訂2014」を受け，コーポレートガバナンス・コードが策定され，翌年より適用されることとなった。これは実質的に，経営者に社外取締役の選任を義務付けるものだと解釈できる。東京証券取引所（2015），1頁；コーポレートガバナンス・コードの策定に関する有識者会議（2015），22頁。

2 ● 政府・行政セクターの視点
不十分な内部統制規制

そもそも「法令遵守」は内部統制の主たる目的のひとつであるが，近年では，内部統制の構築そのものが，法的に義務化される傾向にある。その意味で，企業組織内部の体制に対して，政府・行政セクターが関与の度合いを強めているとも言える。そこで，本節では，内部統制を巡る日本の法制度に関して次の2点に注目し，それらが経営者の判断にもたらす影響を検討する。1点目に，日本の内部統制規制において，海外腐敗行為防止がどのように位置付けられているかを明らかにする。2点目に，企業による実効性のある内部統制構築を促すべく，当局が経営者にいかなる動機付けをしているかを明らかにする。

2.1 内部統制の法的位置付け

海外腐敗行為防止に内部統制構築が不可欠であることは，もはや常識と言ってもよかろう[20]。米国では，これが 1977 年の FCPA 制定当初から強調されてきた。これと比較すると，日本の法制度において，内部統制はどのように位置付けられているのだろうか。

まず始めに指摘しておきたいのは，FCPA は企業における内部統制の構築を，海外腐敗行為防止に求められる取り組みの中心に位置付けているということである。この点を確認するために，米国における海外腐敗行為防止法制導入のきっかけにまで遡り，FCPA 制定の経緯を整理しておきたい。FCPA 成立の主な契機は，ロッキード事件を始めとした米国企業の海外腐敗行為が，立て続けに明るみに出たことであった。米国では，自国企業が海外の公務員に対して巨額の賄賂を支払うとともに，そうした事実について帳

20　OECD 条約は，付属資料において，「企業をとりまく個別の環境に着目したリスク，特に企業が直面する贈賄のリスクに対する評価に基づき，贈賄を防止・発見するための適切な内部統制，倫理コンプライアンス・プログラムなどの手段を講じる」ことが必要だと明確に述べている。OECD (2012), p. 39.

簿上で虚偽の記載をしていることが，財務報告の信頼性を損なっていること を懸念した。そこで，海外腐敗行為防止に関連して，企業に対して内部統制 構築を義務付けるべきだと考えたわけである[21]。そこでSEC（米国証券取引 委員会）は，国内法のもとで内部統制法制化を実現するべく，法案作成に乗 り出した[22]。

　一方，SECの法案を受け取った米国議会は，内部統制の法制化を，海外 腐敗行為を禁止するための効果的な手段と位置付けた[23]。海外における贈賄 行為という企業の非倫理的な行動を抑止すべきだという米国議会の意思と， 企業財務に関する適切な情報を開示することで公正かつ秩序ある効率的な市 場を維持しなければならないというSECの意思は，それぞれ異なる思想に 根ざすものであったが，海外腐敗行為防止という目的を持つ点では，両者の 意見は一致していた。これが，FCPAという強力な法律を成立させる原動 力になったと考えられる[24]。

　上記の議論を踏まえ，1977年に成立したFCPAは「贈賄禁止条項」と「会 計処理条項」の2つの条項で構成され，後者の会計処理条項は「帳簿記録条 項」と「内部統制条項」というさらに2つの条項から構成されることとなっ た。つまり，海外腐敗行為を防止するには，情報開示を適正化させる必要が あり，そのためには適正な帳簿記録の保持が必要となるが，適正な帳簿記録 を保持するには，有効な内部統制の構築が不可欠だと考えられたのだ。この ようにFCPAは，海外腐敗行為を防止するための究極的な手段が内部統制 であることを，条文上で明確に規定しているのである[25]。こうした規定を見

21　柿崎（2005），32頁。
22　Biegelman & Biegelman（2010），pp. 13-14.
23　SECの関心はもともと海外腐敗行為の防止のみにあるのではなく，海外腐敗行為にともなう 簿外資産の存在を許している企業の歪んだ内部統制システムの是正にあった。このためSECは， 会計処理条項の主要な目的を，簿外の裏金資金の維持を防止し，会社の取引と資産の処分が適正 に記録されることを保証する企業の会計責任の達成であると捉えていた。柿崎（2005），36-37頁。
24　自由な取引の必要性を強く訴えるリバタリアニズムと，社会的弱者の立場を擁護するニューリ ベラリズムという，立場の異なる2つの意見が一致したことが，外国公務員贈賄防止の動きを一 気に推進したという見方もある。髙他（2012），1-2頁。
25　贈賄禁止条項の罰則の上限は，法人は罰金200万ドル，個人は罰金25万ドルおよび懲役5年 であるのに対し，会計処理条項の罰則の上限は，法人は罰金2500万ドル，個人は罰金500万ド

れば，米国の海外腐敗行為防止法制において内部統制が重視されていること
が理解できる。むしろ米国では，内部統制規制と海外腐敗行為防止規制が一
体となって進められてきたとも言えるだろう。

　では，日本の内部統制規制は，海外腐敗行為防止規制とどのように関係付
けられているのだろうか。まずは，海外腐敗行為防止に関して，日本の法制
度のもとで，企業にいかなる取り組みが求められているかを確認しておきた
い。そのために，日本で講じられている内部統制に関する法的措置の全体像
を概観しておく。

　日本では「企業一般」「株式会社」「大規模株式会社」「上場企業」という
異なる種類の企業に対して，段階的に厳しい対応が要請されている。

1. 「企業一般」に対しては，「企業会計原則」および「財務諸表等の用語，
   様式又は作成方法に関する規則」が定められ，正確な帳簿の作成が求め
   られている[26]。

2. 「株式会社」については，上に加え，経営者が財務諸表を作成し，内
   部監査人による監査報告書と合わせて，本社に5年間保管することが会
   社法で求められている[27]。

3. 資本金5億円以上または負債総額200億円以上の「大規模株式会社」
   については，内部監査人に加えて，公認会計士あるいは監査法人による
   監査を受けなければならないこととなっている[28]。

4. 「上場会社」については，上に加え，内部統制報告書の提出義務が課
   されている[29]。

　ルおよび懲役20年である。U. S. Department of Justice and the U. S. Securities and Exchange
　Commision (2012), p. 68. 贈賄禁止条項に比べて高い罰金額の設定からも，FCPA が会計処理条
　項に重点を置いていることがわかる。

26　OECD Working Group on Bribery in International Business Transactions (2002), pp. 17–18.

27　OECD Working Group on Bribery in International Business Transactions (2002), p. 18.

28　OECD Working Group on Bribery in International Business Transactions (2002), pp. 18–19.

29　高 (2014), 13–14 頁；39 頁；OECD Working Group on Bribery in International Business Trans-
　actions (2002), p. 19.

これらの規制を通じて，日本では企業に対して内部統制の構築が求められている[30]。特に，上場会社に対しては，2007年にいわゆる「日本版SOX法（J-SOX）」[31]が制定され，以前にも増して，内部統制に関する厳格な規制が敷かれるようになった[32]。確かに，こうした規制のもとで，少なくとも上場企業については，内部統制構築がある程度の進行を見せてきたと考えられている。

　ただし，J-SOXにおいて提出が求められている「内部統制報告書」とは，有価証券報告書の記載事項のうち，特に財務報告に関する記載についての信頼性を確保するために導入されるものである[33]。これを言い換えれば，日本の内部統制規制においては「海外腐敗行為防止」が直接的な目的として設定されていないことになる。この点に関しては，内部統制報告書制度に限らず，上に挙げた1.～3.の「企業一般」「株式会社」「大規模株式会社」を対象とした各規制についても，同様の欠点を指摘することができる。

　したがって，日本の内部統制関連規制に従う形で企業が内部統制を構築したとしても，必ずしもそれは海外腐敗行為を念頭に置いたものとはならないのである。この意味で，日本の法制度のもとでは，海外腐敗行為防止を目的とした内部統制構築は，直接的には求められていないと解釈することができる。

2.2　内部統制構築の動機付け

　とは言え，不正競争防止法においては，間接的にではあるが，海外腐敗行

30　少なくとも日本政府は，これらの措置を講じることで，OECD条約の要求には対処済みだと主張してきた。経済産業省（2004），28頁。

31　J-SOXの内部統制にはリスクベースの考え方が導入されている。これはCOSOの「全社的リスクマネジメント・フレームワーク」を視野に入れて作成されているが，従来の内部統制のフレームワークを基礎としつつも，リスクマネジメントに焦点を当てたものである。町田（2007），104-105頁。

32　内部統制報告書に虚偽の記載がある場合には，法人に対して5億円以下の罰金が科せられる。金融商品取引法第207条1項1号。

33　J-SOXに定められる内部統制は，「財務報告の信頼性以外の他の目的を達成するための内部統制の整備及び運用を直接的に求めるものではない（実施基準I.1.(5)）」。町田（2007），31-56頁。

為防止を目的とした内部統制構築が経営者に要求されている。それは，法人の刑事責任を認める形で「両罰規定」[34]が定められている点にある[35]。つまり，従業員やその他の関係者が外国公務員贈賄罪に違反した場合，企業と経営者にもその監督責任が及ぶこととなる[36]。この点において，同法は海外腐敗行為防止を目的とした内部統制構築を経営者に求めていると解釈することができる。

　しかし，内部統制構築が義務付けられているとは言え，その努力が法執行の過程で評価されなければ，経営者は十分な動機を得ることができないだろう。なぜなら，現実には，内部統制を構築したからと言って，海外腐敗行為を完全に防止することができるわけではなく，あくまでも「リスクを低減させる」に過ぎないからである。では，日本の海外腐敗行為防止法制は，経営者に対して内部統制構築を適切に動機付けることができているのだろうか。この点について，米国の制度と比較する形で，日本における制度の整備状況を評価しておきたい。

　米国では，経営者に内部統制構築を促す仕組みが「組織に対する連邦量刑ガイドライン」に組み込まれている。連邦量刑ガイドラインが「倫理的に行動する企業を高く評価し，そうでない企業を低く評価する」ことで，企業の倫理的行動を促す制度であることは，すでに述べた通りである。これは，海外腐敗行為防止においても，実効性ある社内管理体制の整備・運用を，経営者に強く動機付けする制度だと言える。

　また，企業との間で有罪答弁合意や起訴前合意を締結するにあたり，当局が提示するさまざまな条件のなかにも，同様の仕組みが組み込まれている。起訴前合意では，企業が不正行為を防止するためにいかなるコンプライアン

34　日本の刑法では，法人の刑事責任は認められていない。したがって特別法において，違法行為を実際に行った自然人行為者とともに，業務主としての法人を処罰することになる。これを「両罰規定」という。山口（2012），40頁。両罰規定に基づき事業主・被代理人に違反防止措置義務が課されており，従業員による違反行為防止義務の履行懈怠の処罰を認めている。山口（2012），343頁。

35　不正競争防止法第22条により，法人の代表者，代理人，使用人，その他の従業員等が当該法人の業務に関し違法行為をした場合には，当該違反行為者自身を処罰するだけでなく，その法人に対しても3億円以下の罰金刑が科される。経済産業省（2004），22頁。

36　通商産業省知的財産政策室（1999），64頁。

ス体制を構築し，倫理的な組織風土を醸成するための努力をしていたかといった点が司法取引おいて考慮される。これは，有罪答弁合意においても同様である。海外腐敗行為の取り締まりにおいて，こうした司法取引制度が当局の情報収集能力を向上させていることについては，前に触れたとおりである。この点を，経営者に与える影響という観点から捉えた場合，経営者が内部統制を構築するための強力な誘因として機能していると考えられる。

　また，他にもさまざまな側面で同様の性格を持つ規定を確認することができる。例えば，FCPA は外国公務員に対する支払いが行われた場合でも免責になり得る条件として，2 つの積極的抗弁事由を提示している。そのひとつは「不正な意図のない合理的で誠実な支払いである場合」である[37]。つまり，取引に関連して行われた支払いが，不正な意図のないものだという事実を証明することができれば，企業は免責を受けられるのである[38]。ただし，これを証明するには，取引に関する証拠を残しておくことが不可欠であり，そのためには，支払いに関する正確な帳簿記録を保持するための有効な内部統制が必要となるはずである。

　また，ファシリテーション・ペイメントについては，一定の条件のもとで免責される可能性が明記されている[39]。つまり，取引に関する事実関係を帳簿に正確に記録することで，それがファシリテーション・ペイメントに該当することが証明できれば，企業および経営者の責任は問われないこととなる[40]。こうした規定も，帳簿記録を保持するための内部統制構築を促していると言える。

　では，このような米国の制度と比較する形で，日本の制度を検討してみたい。日本では，法執行過程において，経営者による内部統制構築の努力はいかに評価されるのだろうか。また，そうした評価のもと，経営者に対して内

37　U. S. Department of Justice and the U. S. Securities and Exchange Commission (2012), pp. 23-24.

38　少額の支払いや贈答が摘発の対象となるのは，それらが体系的かつ長期的に行われることで，契約の獲得・維持への不正な意図を証明するに足る場合のみである。U. S. Department of Justice and the U. S. Securities and Exchange Commission (2012), p. 15.

39　梅田 (2011), 22 頁。

40　髙 (2014), 16 頁。

部統制の構築が動機付けられているのだろうか。

　日本では，会社法のもとで，経営者に善管注意義務が課されている[41]。このため，違法行為が起きないよう組織的な対策を講じることは，経営者に課された法的義務だと言える。これを広い意味で捉えれば，従業員による海外腐敗行為への関与を防止するべく，有効な内部統制を構築することも，経営者に求められる義務だということになる。

　こうした会社法上の規定に基づけば，たとえ従業員が違法行為に関与した場合でも，正当な注意を払ってさえいれば，企業および経営者の責任は軽減されるとも解釈できる[42]。したがって，海外腐敗行為の問題に関しても，経営者が有効な内部統制を構築してさえいれば，無過失であるとの判断の下に責任が回避されるか，あるいは罰則の軽減が認められる可能性があると理解できよう。

　しかし，無過失を理由に経営者の免責が認められるには「違法行為を防止するために必要な注意を尽くしたこと」を経営者が証明しなければならない[43]。実際には，そうした事実を立証するのは容易ではなく「事実上，免責は困難[44]」だという指摘もある。

　特に，海外腐敗行為の問題については，不正競争防止法が免責の要件を十分に明らかにしていないため，経営者にとっては無過失を証明する手立てがないに等しい。なぜなら，日本では，免責の要件となるはずの「積極的，具体的な違反防止の取り組み」ついて，具体例が示されておらず，いかなる内部統制を構築すべきか，その内容が十分にわかりやすい形で明らかにされていないからである。また，ファシリテーション・ペイメントについては，法

41　会社法第330条は株式会社と役員の関係は委任に関する規定に従うと定めており，民法第644条は委任に関する規定として受任者の善管注意義務を定めていることから，経営者は会社に対して善管注意義務を負うと解釈される。

42　内部統制システムのひとつと位置付けられる海外腐敗行為防止体制の構築は，法人両罰規定の適用においても考慮されることが期待される。なぜなら，判例上，法人が処罰される根拠は「事業主に右行為者らの選任，監督その他違反行為を防止するために必要な注意を尽くさなかった過失の存在を推定したもの」（いわゆる過失推定説）にあるとされるため，防止体制の構築は当該注意を尽くしたことのひとつの根拠になり得るからである。経済産業省（2004），6頁。

43　経済産業省（2004），6-11頁，23頁。

44　山口（2012），41頁。

律上は認められないと解釈することもできるため，記録保持が免責の要件になるとは，少なくとも条文上で明確に読み取ることはできない[45]。

このため，取引についての正確な記録を残すことは，経営者にとってはむしろ「違法性を証明するための証拠」と判断される可能性があり，そうした証拠を残すために内部統制を構築することは，かえってリスクを大きくするものとして捉えられる可能性もある。このように考えるとすれば，社内規程に「外国公務員への支払は一切禁止する」としながらも，現場で実際にそれが行われていることについては，黙認するという判断に至ることになろう。

3 市場セクターの視点
機関投資家の関心不足

投資家は，財務情報に限らず，幅広い情報を投資意思決定に活用している。近年では，ESG 投資の一環として，投資家の関心がコンプライアンスの問題にも向けられるようになっている[46]。とりわけ，海外腐敗行為防止は，G課題（企業統治）の主要な関心事とされており，投資家が企業のサステナビリティを評価する際の重要な指標となっている。

こうした流れのなかで，一部の機関投資家は腐敗防止を投資判断基準に組

45　不正競争防止法においては，少額のファシリテーション・ペイメントに関する規定を置いておらず，少額のファシリテーション・ペイメントであることを理由としては処罰を免れることはできないこと解釈できる。経済産業省（2004），14 頁。しかし現実には，不正な利益の獲得を目的としなくても，やむを得ない支払というものが存在するはずである。2004 年版「指針」には「不正な利益獲得」の意図の有無が合法と違法との間の判断基準となることは明記されており，ファシリテーション・ペイメントに関する一定の配慮があることは認められる。しかし，具体例などを用いた実用的な指示がないため，合法と違法の具体的な線引きについてわかりやすい説明はない。

46　最近では M&A においてコンプライアンス・デューディリジェンスの重要性が増している。下記の調査では「海外企業の買収を成功させるために最も重要な課題はコンプライアンスだ」と答える企業が，46% に上っている。Baker & Mackenzie（2013），p. 17.

47　米国最大の機関投資家である「カリフォルニア州職員退職年金基金（カルパース）」は，経営者と投資家の責任を示し，両者の対話を促すためのグローバル・ガバナンス原則において，腐敗防止を投資判断基準とすることを明記している。実際に，カルパースは，ICGN のグローバル・ガバナンス原則に沿って，贈収賄や不正行為を防止するため各企業に倫理規範の作成を求めてき

み込むことを明言している[47]。米国では，投資先の企業において，海外腐敗行為に関する情報開示に不備があることが分かった場合に，機関投資家が企業に対して適正な開示を要求するために，法的手段に訴えることもある[48]。その意味で，正確な情報開示を担保するための内部統制構築は，市場セクターからも要請されるものである。

　では，日本の機関投資家はこの問題に適切な関心を示し，経営者の判断に影響を及ぼしているのだろうか。ここではまず，日本でも機関投資家の存在がマネジメントに影響を及ぼし得ることを確認しておく。そのうえで，日本の代表的な機関投資家を取り上げ，その投資判断がいかなる基準のもとで行われているかを検討したい。

　確かに，日本では株式持合が長らく続いたため，投資家の行動が企業のマネジメントに及ぼす影響は限定的であった。しかし，近年では持合比率が低下する傾向にあり，その一方で，機関投資家の存在感は日増しに大きくなっている（図表5-3参照）[49]。彼らは，日本企業のガバナンスの担い手として新たな注目を集めており，その動向は日本企業の経営者にとっても無視できないものとなっている。

　では，機関投資家の経営者に対する影響は，海外腐敗行為の問題にも及んでいるのか。この点を確認するために，日本で最も影響力のある機関投資家として「年金積立金管理運用独立行政法人（GPIF）」を取り上げ，その投資意思決定の判断基準を概観しておく。なぜなら GPIF は，世界最大の機関投

た。この点に，米国における，機関投資家の腐敗問題に対する関心の大きさがうかがえる。The California Public Employees' Retirement System (2015), p. 34.

48　ウォルマート社は，同社のメキシコ子会社による巨額の贈賄工作が内部調査で発覚したにもかかわらず，両国の関係当局に通報せず，もみ消しを図っていた。この事件に関連して，ウォルマートの株主であったインディアナ電気事業労働者年金基金（IBEW）は情報開示の要求をしたが，ウォルマートはこの要求に対して，必要な文書を作成しなかった。これについて，IBEW は民事訴訟を提起した。ウォルマートは弁護士秘匿特権を持ち出し，情報開示を行わなかったことの正当性を主張したが，裁判では認められなかった。「ウォルマート，メキシコでの贈賄もみ消し―米紙報道」『日本経済新聞』2012年4月22日，朝刊。

49　2000年代半ばには，企業の発行済み株式における機関投資家の保有比率が過半を占めるケースも珍しくなくなった。宮島・新田（2011），3-36頁。日本の証券市場でも，機関投資家の影響力が大きくなっていることがわかる。

図表5-3　株式所有構造の変遷

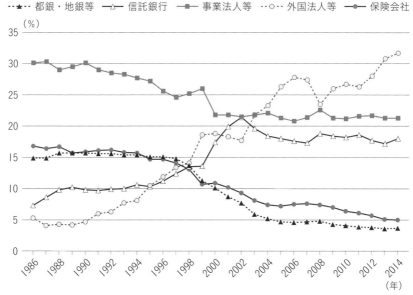

凡例: ‐‐★‐‐ 都銀・地銀等　—△— 信託銀行　—■— 事業法人等　‐‐○‐‐ 外国法人等　—●— 保険会社

出所：東京証券取引所・名古屋証券取引所・証券会員制法人福岡証券取引所・証券会員制法人札幌証券取引所（2015）を参考に筆者作成。

資家と言われており，その動向は，日本企業の経営者の判断に強い影響を及ぼしていると考えられるからである[50]。

　GPIFは投資先企業のESG対応行動に一定の関心を示している[51]。GPIFの運用は，信託銀行や投資顧問会社などの運用受託機関に委託されているが[52]，これらの機関全てが，スチュワードシップ・コードの受け入れを表明しており[53]，実際に企業に対して「海外での児童労働の禁止」「劣悪な労働環境等の防止策」「カルテルなどの反社会的行為の防止策」を徹底するよう

50　GPIFの2014年度における運用額は137兆4769億円で，世界最大の機関投資家と言われている。GPIFの運用ポートフォリオは，半分以上が国内の債権に充てられている。小幡（2014），22頁。

51　GPIFは2014年5月に日本版スチュワードシップ・コードの受け入れを表明し，スチュワードシップ責任を果たしていくことを宣言している。年金積立金管理運用独立行政法人（2015）。

52　小幡（2014），30–38頁。

53　年金積立金管理運用独立行政法人（2015），1頁。

図表 5-4　GPIF の ESG 投資指標

	テーマ指数	投資対象
E（環境）	S&P ／ JPX カーボン・エフィシェント指数シリーズ	国内株・外国株
S（社会）	MSCI 日本株女性活躍指数（WIN）	国内株
G（ガバナンス）	Morningstar ジェンダー・ダイバーシティ指数（GenDi）	外国株

出所：年金積立管理運用独立行政法人（2022）29 頁をもとに筆者作成。

に求めている[54]。

　また，スチュワードシップ責任を果たすための活動や，ESG を考慮した取り組みとして，GPIF は「環境・社会問題などの負の影響を減らし，運用資産全体の長期 的なリターンを向上させるため，ESG を考慮した投資を推進」していることを表明している。その一環で，ESG 投資指標として図表5-4 のようなテーマ指数を採用していることを明らかにしている[55]。

　しかし，GPIF によるこれらの公開情報を見る限りでは，肝心の腐敗問題や外国公務員贈賄問題への取り組みについては，投資判断基準として，少なくとも明示的に取り入れられてはいないようである。GPIF とその運用受託機関は，上に挙げたようなさまざまな倫理的問題に対する取り組みの姿勢を明確にする一方で，少なくとも，海外腐敗行為の問題に関心を寄せているという事実を明らかにしていない。

　このように，GPIF ほどの日本を代表する機関投資家においても，海外腐敗行為防止の取り組みが投資判断の基準として重視されている様子はない。このような GPIF の態度は，日本の機関投資家一般における海外腐敗行為の問題への関心の低さを象徴的に表していると考えられる。つまり，日本の機関投資家は，経営者に対して海外腐敗行為防止の取り組みを十分に促していると言えない。この背景には，日本の証券市場で海外腐敗行為が重要な問題として取り扱われていないという問題がある。この点についても，米国の証券市場と比較する形で，日本の証券市場の特性を明らかにしておきたい。

54　年金積立金管理運用独立行政法人（2015），3 頁。

55　年金積立金管理運用独立行政法人（2022），29 頁。

まず米国では，海外腐敗行為を防止するにあたり「正確な帳簿記録の作成と保持を要求することが最も効果的な手段だ」という考えから，FCPA に会計処理条項が設定されている。つまり，海外腐敗行為を，財務報告の信頼性を損なう深刻な会計上の問題と捉え，SEC が積極的に摘発に乗り出しているのである。これは，元をただせば，贈賄の事実を帳簿に記録すれば自らの違法行為についての証拠を残すことになるため，企業が海外腐敗行為に関与する場合には証拠の隠滅を目的として必然的に会社の記録が歪められるといった認識が，証券市場に形成されているからであろう。

　一方，日本の証券市場では，海外腐敗行為を不正会計の観点から捉える動きはない。既述の通り，日揮や丸紅は海外腐敗行為に関与したことで，米国当局による摘発を受けている。こうした事実から判断すれば，両社が過去の財務報告において帳簿・記録の改竄を行っていることは間違いないだろう。にもかかわらず，日揮においても丸紅においても，この問題に関連して訂正報告書を提出したという事実はない[56]。また，両社が不正会計を行ったことについて，本来金融商品取引法上の虚偽記載を取り締まるべき「証券取引等監視委員会（SESC：Securities and Exchange Surveillance Commission）」が，両社の捜査をすることもなかった。

　このように，日本の証券市場においては，海外腐敗行為への関与を隠ぺいすることが，不正な会計行為につながるという認識が形成されていないようである。結果的に，証券市場からの要請で経営者が海外腐敗行為防止に向けた強いリーダーシップを発揮することもないわけである。

56　日揮がナイジェリア贈賄事件に関し，DOJ との間で起訴猶予合意を締結したのは，2011 年 4 月 6 日であった。しかし，それ以降に日揮が訂正有価証券報告書を提出したのは 2011 年 7 月 7 日のみで，これは第 115 期（2010 年 4 月 1 日から 2011 年 3 月 31 日までの期間）の有価証券報告書に対して，連結注記表および個別注記表を添付していなかったためである。つまり，日揮は海外腐敗行為の事実を米国当局に対して認めても，日本では，それによって有価証券報告書上で不実記載が行われたことについては認めていないことになる。これは，丸紅においても同様である。

4 ● 小括

　ここまでの考察から，3つのセクターにおいて，日本企業の経営者が合理的対応への判断を下すことができず，リスク対応を先送りしている問題について，その遠因を整理することができた。

　第一に，企業セクターに注目し，2点を確認した。日本の企業組織には，内部統制が馴染みづらいという特徴があり，日本企業の経営者は，たとえ海外腐敗行為に関わるリスクの増大を認識したとしても，内部統制構築の必要性を，強く感じ取ることができない。また，たとえ経営者が内部統制構築の必要性を感じても，組織内の人間関係にしばられて言うべきことが言えず，それを実行に移すという判断ができないことが確認された。

　第二に，政府・行政セクターに焦点を当て，3点を確認した。まず，不正競争防止法は，内部統制構築の必要性を，条文上では明記していない。このため，経営者が法的要請のもとで内部統制を構築したとしても，海外腐敗行為を念頭に置いたものとはならず，実効性のある内部統制が構築できていないと考えられた。また，法律の条文上では要求がなくとも，実務指針が内部統制構築を求めてはいるが，法執行の過程で経営者による努力が評価されないために，そうした判断を動機付けられていないことが確認された。

　第三に，市場セクターに着目した。近年，ガバナンスの担い手として注目を集める機関投資家であるが，日本では，彼らも海外腐敗行為に関心を寄せておらず，企業に対応を求めることもないため，経営者の判断ミスを防ぐに至っていないことが確認された。

　これらの考察を通じて，日本企業の経営者が「合理的対応への判断を下すことができない」という問題を，少なくとも部分的に引き起こすと考えられる外的要因を整理することができた。こうした状況のなか，日本企業の経営者は，海外腐敗行為のリスクを直視できず，事実上これを先送りしている可能性が示唆される。

第 6 章

克服すべき課題 3：
リスク情報の不足

　ここまでに，経営者が「リスクを十分に認識していない」という問題や「認識したリスクを先送りしている」という問題について，それらを部分的に引き起こす外的要因を，3つのセクターにおいてそれぞれ確認することができた。現実に，多くの日本企業が，内部統制のプロセスにおけるリスク認識や規程類整備の段階で躓いてしまい，これら2つの問題を克服できずにいると考えられる。しかし，それでもこれらの問題を乗り越え，次の段階へと取り組みを進めようとする企業もある。なぜなら，国際感覚に優れた経営者であれば，リスクの増大を敏感に察知し，合理的に対応するという判断を下すことができると考えられるからだ。

　ただし，これらの問題を克服したとしても，次なる規程類の運用段階において，さらなる困難が経営者を待ち受けている。それは，海外腐敗行為防止の内部統制を現場で機能させるために必要な情報を収集し，それを社内のリソースと結合させることで有機的に活用すること，すなわち，内部統制の運用体制を整備することである。本章では，次の3点に焦点を当て「情報の有機的活用を進めることができない」という問題の外的要因を検討していくことにする。

　第一に，企業セクターに着目し，海外事業における現地の取引に関する情報が，社内にリソースとして蓄積されているかを確認する。内部統制の機能

を末端にまで浸透させるには，まず，海外進出先における取引の状況を把握することから始めなければならないからである。

　ただし，取引の状況を把握することができたとしても，リスクをコントロールするための具体的方法，すなわち「リスクベース・アプローチ」が何であるかを理解することができなければ，内部統制を適切に機能させることはできないだろう。そこで第二に，政府・行政セクターに着目する。ここでは，経済産業省（以下，経産省）の発行する「外国公務員贈賄防止指針」を取り上げ，リスクベース・アプローチに関する有用な情報を提供しているかを確認する。

　また，たとえそこで有用な情報が提供されたとしても，それを各企業が実行に移すには，個別の状況に鑑みて内部統制の在り方をカスタマイズする，つまり「社内のリソース」と「リスクベースの取り組み」とを結合させるという作業が必要になる。そこで第三に，市場セクターに着目し，こうした作業をサポートする役割を担うべき日本の弁護士やコンサルタントが，経営者に対して有益な助言を与えているかを確認する。

1 ● 企業セクターの視点
不十分なリスク情報の社内蓄積

　設計・計画された内部統制を実際に機能させるには，個々の企業が置かれた状況に合わせてカスタマイズする必要があるが，そのためにはまず，進出先の現地でいかなる取引が行われているか，その正確な実態を把握することが必要となろう。なぜなら，そうした情報をリソースとして活用することで内部統制の形骸化を防ぎ，現実的に機能を強化することができるようになるからである。

　そこで1点目に，日本企業において，内部統制の実行に活かせる現地の情報が，社内に十分に蓄積されているかどうかを明らかにしておく。もし社内にそうした情報が蓄積されていないとすれば，現地で新たに情報収集をする必要があるが，そのためには，現地におけるコンプライアンス部門の活躍が不可欠となる。そこで2点目に，日本企業において，そうした業務に従事すべきコンプライアンス人材が，十分に確保されているかどうかを確認する。

1.1 現地の腐敗に関する情報の蓄積

　日本企業の経営者は，海外腐敗行為に関する情報を，リスクベースの内部統制を構築するためのリソースとして活用することができるのか。ここではまず，一般に海外腐敗行為に関する情報が，いかなる特性を持っているかを明らかにする。さらに，日本企業において，そうした情報が社内に蓄積されているか，またそうでなければ，経営者がそうした情報を収集することは可能なのかどうかを考えてみたい。

　海外腐敗行為は違法行為であるが故に，当然ながら，目に見える形では社内に記録が残されていないだろう。海外腐敗行為に関する情報のほとんどは，現地に赴任した従業員にとって「表立って公言はしないが，常識の範囲内でやっている」というように，いわば現地ビジネスにおける「暗黙の了解」となっているはずである。このため，経営者が事実情報を得ようとしても，そうした情報には容易にアクセスできるものでなく，これを海外腐敗行為防止の実務に活用するには，社内調査を実施するなどして，従業員個人から「本音を引き出す」という作業がどうしても必要となる。

　ところが，社内調査を実施し，そこから有用な情報を確保するには，その企業が海外展開に長い経験を有していることが前提となる。なぜなら，そうした企業では，海外取引の実態に関する情報が，社内に十分に蓄積されているからだ。この点については，シーメンスの事例を見ることで容易に理解することができよう。

　先述の通り，シーメンスはFCPA（海外腐敗行為防止法）違反によって米国のDOJ（司法省）およびSEC（証券取引委員会）による摘発を受け，当時過去最高額の制裁金を科された企業である。同社はDOJとの間で有罪答弁合意を締結し，DOJの捜査に積極的に協力するとともに，内部統制の大規模な改革に取り組むこととなった。捜査協力を行うにあたっては，必要な情報を収集するため，海外取引の実態に関する大規模な社内調査を実施した[1]。その

---

　[1]　シーメンスの調査は34ヶ国において約2年にわたり，大規模かつ広範囲に行われた。莫大なリソースが投入されただけでなく，インセンティブ・メカニズムを導入するなど，効率的に行われた。調査の詳細については，第2章を参照のこと。

結果，膨大な数と金額の海外腐敗行為が行われてきたことが明らかとなったわけだが，社内調査を通じて得られた情報を経営者が把握し，それを有効活用したことで，大胆な内部統制改革が可能になったと考えられる。

　このように考えると，逆説的ではあるが，シーメンスがこれだけ大規模な改革を遂行できたのは，過去に数々の海外腐敗行為に関与してきたからだとも言える。シーメンスには，調査を開始した時点で既に，この問題に関する膨大な量の情報が従業員の知識として蓄積されていたと考えられる。それらの情報がインタビューを通じて収集され，体制改革に有用な手掛かりとして入手されたわけである。とはいえ，同様の方法を日本企業において実施するには，少なくとも２つの困難があると予想される。

　１点目は，既に確認した通り，日本企業の海外展開は近年になって急速に進行しているために，大部分の企業はこれまで海外ビジネスを行う機会を有してこなかったという点である。そもそも，海外ビジネスの経験に乏しい従業員が，海外腐敗行為に関する豊富な知識を持っているとは考えづらい。したがって，社内調査を実施したところで，経営者が必要な情報を入手できるとは限らないだろう。

　また，海外ビジネスの経験が浅いと言うのは，企業セクター全体としての傾向であるため，産業レベルで見た場合でも，同様の問題を抱えていると考えられる。このため，同業他社や業界団体にサポートを求めたところで，有益な情報が得られるとも考えづらい。

　２点目は，海外腐敗行為に関する情報を従業員から聞き出すにあたっては，従業員に，ある種の「裏切り」を要求することになる点である。仮に従業員が，海外腐敗行為が社内で行われているという事実を把握しているとしても，それを経営者に報告することは，自身や周囲の人間の違法行為を告発することに他ならない。こうした問題を，従業員から積極的に聞き出すには，シーメンスのように社内リニエンシー制度を活用するなどして，いわば積極的に

2　海外腐敗行為のように，デリケートな情報は簡単に収集できるものではない。そこで，シーメンスは違法行為に関する情報を従業員から効率的に聞き出すために，アムネスティ・プログラムやリニエンシー・プログラムを活用した。これらのプログラムは大いに功を奏し，調査は広範な領域へと展開された。Biegelman & Biegelman（2010），pp. 113-114.

「内通」を求める必要がある[2]。

　ここで問題となるのは，日本企業における伝統的組織観が，根本的には家族的な信頼関係の上に成り立っているという点である。このため，たとえ一部の従業員が，自身や周囲の人間が不正行為に関与している事実を知っているとしても，それを告発することには大きな抵抗を感じるはずである。したがって，経営者がリニエンシーを活用して情報収集を図ったとしても，従業員の本音を引き出すことができるとは限らない。

　これら2点を勘案すれば，経営者が社内において，海外の取引実態に関する情報を収集するのは，きわめて困難だと言わざるを得ない。したがって，そうした情報をもとに，海外腐敗行為防止に有効な組織体制を整備することも難しいと言えよう。

1.2　コンプライアンス部門の設置と強化

　たとえ，情報が社内に蓄積されていなくとも，あるいは社内に蓄積された情報を集めることが経営者にとって困難であったとしても，現地において新たに情報を収集することができれば，それを内部統制構築に活用することも可能かもしれない。ただし，そのためには進出先の支店あるいは子会社に，ある程度の規模を持ったコンプライアンス部門を設置するとともに，情報収集に携わる十分な人員を，コンプライアンス・オフィサーとして配置しなければならないだろう。

　米国では，エンロン事件やワールドコム事件を契機に制定された「上場企業会計改革および投資家保護法（SOX法）」の要請により，経営者にはコンプライアンス組織の強化が求められている[3]。このため，米国企業では，社内にコンプライアンス委員会を設置し，それを広範な事業部門と連携させる

3　SECはSOX法307条に対応して「Rule205」を公表した。これは上場企業を代表する社内弁護士に対して，企業の最高法務責任者（CLO）や，特定の場合には監査委員会や取締役会に，違法行為の証拠を報告することを求めると同時に，社内弁護士が報告義務を果たすための代替手段として「適格法務コンプライアンス委員会（QLCC）」を提示した。上場企業がQLCCを創設するとき，社内弁護士は違法行為の証拠をQLCCにのみ報告することで，報告義務を満たすことが可能となる。Fisch & Gentile (2003), p. 520.

ことで，全社的な活動として展開させるのが一般的となっている。これにより，海外腐敗行為に関する情報を迅速かつ詳細に収集することが可能となっていると考えられる。では，日本企業の場合はどうだろうか。

　日本において，コンプライアンスの必要性が強く叫ばれるようになったのは，1990年代に入ってからである[4]。この頃，経団連では「企業行動憲章」が策定され，これを参照する企業では倫理行動規範の導入が着実に進んでいった。また，21世紀に入り，会社法や金融商品取引法が相次いで制定・改正され，コンプライアンスへの要求が日増しに強くなる傍らで，日本企業においても，コンプライアンス体制構築が徐々に進んできた。

　しかし，多くの企業の実態を見れば，依然として，独立したコンプライアンス部門が設置され，それが実質的に機能するまでには至っていない。あるいは，独立した部門が設置されていたとしても，コンプライアンスの対象に「海外腐敗行為防止」が目的として明確化されていないことも多い[5]。また，日本企業のコンプライアンス部門には必要な人員が割り当てられておらず，コンプライアンスに十分な経営資源が投下されているとは言い難い。日本企業によるコンプライアンス部門の設置と強化は，依然として十分に進んでいないのが現状である。

　こうした問題は，海外支店や海外子会社においては，なおさら顕著となっている。そもそも海外の拠点では，営業や経理，総務などの主要な業務ですら，組織的に行われていないことも多く，現地の少数の日本人社員に事実上丸投げとなっているケースもある[6]。このため，コンプライアンスに関わる判断については，専ら取引担当者個人の裁量に任せてしまっており，本社からのコントロールが行き届かないというのが現実である。

　加えて，現地で行われる取引の実態について，本社の役員が積極的に関与しないために，情報が本社に正確に伝えられないという問題もある。なぜなら，日本企業の本社役員は，現地に駐在する期間が欧米企業に比べて短く，

4　髙（2003），39頁。
5　日本企業のうち，コンプライアンスの防止対象事項に「贈収賄（海外を含む）」を加えているのは34.4%にとどまっている。甲斐（2013），28-40頁。
6　髙野（2013）。

現地のビジネスに十分にコミットしないからである[7]。したがって，進出先で行われる海外腐敗行為については，事実上，野放しにされている企業もある。日本企業の経営者が，現地の実態に関する情報を得ようにも，それがままならないことは，容易に理解することができよう。

2　政府・行政セクターの視点
インセンティブ・メカニズムの欠如

　海外腐敗行為防止の内部統制は，リスクを効率的にコントロールすることに主眼を置かなければならない[8]。とはいえ，そのリスクが法律の執行に基づいている以上は，いかなる取り組みが免責に値するかを理解することが，経営者にとっては重要となる。したがって，政府・行政の観点から「リスクベース・アプローチ」に関していかなる情報が経営者に提供されているかを確認する必要がある。

　第一に，経産省が企業に向けて発行した実務ガイド「外国公務員贈賄防止指針（以下，「指針」）」に着目し，日本企業が内部統制を実行に移すために，必要かつ十分な情報を提供しているかを確認する。ただし，この問題は，日本の当局が公表するガイドだけに関わる問題ではない。そこで第二に，米国当局が発行する実務ガイドである「リソースガイド（A Resource Guide to the U. S. Foreign Corrupt Practices Act）」に着目し，これが発行される以前にまでさかのぼりながら，米国当局がリスクベースの取り組みに関していかなる情報を発信してきたのかを確認する。それと比較する形で，日本の当局が，経営者に対して「指針」以外にも有用な情報を公開してきたのかを確認したい。

2.1　当局が公表する実務指針

　日本では，海外腐敗行為防止の実務ガイドとして，2004 年に経産省による「指針」が発行され，その後，繰り返し改訂が行われてきた。「指針」は，

7　経済産業省（2012），323 頁。
8　麗澤大学経済研究センター（2000），3 頁。

企業が海外腐敗行為を防止し，不正競争防止法を遵守するための具体的な方法を提示することを目的として作成されている[9]。では，実際に「指針」は日本企業が海外腐敗行為を防止するために必要な情報を提供してきたのか。この疑問に答えるため，企業にとっての有用性という観点から，これまでの「指針」の内容を評価してみたい。

　企業が法令遵守を目的として海外腐敗行為防止に取り組むとするならば，経営者にとっては当局が法執行をする際の判断基準を知ることが，最も有用な情報となる。なぜなら，当局が企業のどのような行為を取り上げ，違法であるとの判断を下すのか理解することで，経営者は海外ビジネスにおいて違法行為に関与するリスクを効果的にコントロールできるからである。したがって，政府がこの点をわかりやすく開示しているかどうかが，経営者にとっては重要だと言える[10]。

　例えば，法律上，ファシリテーション・ペイメントのように不正な利益を得る意図のない支払いすら認められない，あるいはファシリテーション・ペイメントに関して，違法性に関する判断基準が明確にされていないとする。こうした状況のもとで，海外腐敗行為防止に真剣に取り組むとすれば，企業は海外でのビジネスそのものを断念せざるを得なくなるだろう。なぜなら，一部の新興国において，ファシリテーション・ペイメントは日常茶飯事となっており，こうした支払いを拒否すれば，ビジネスの遂行上必須の行政手続きすら満足に受けられなくなる。したがって，ファシリテーション・ペイメントを一律に禁止されることは，企業にとって海外ビジネスの可能性を大幅に狭めてしまうことになる。

　このように考えると，海外腐敗行為が行われる実際の現場を想定して，具

9　「指針」は「外国公務員贈賄防止対策を講じるに当たっての参考情報等」を提供している。このような情報提供を通じ「企業にとっては外国公務員贈賄罪に関する理解の向上や予見可能性の向上に資すること」が期待されている。経済産業省（2004），4頁。

10　米国では商務省も FCPA に関連するサービスを提供している。商務省の「合衆国商務省国際貿易局および在外商務部（商務部）」は 100 を超える合衆国内の都市と 70 を超える地域に輸出と産業の専門家を配し，特に中小企業に対し，カウンセリングやその他の支援を提供することができる。とりわけ，合衆国の企業が海外でビジネスパートナーやエージェントを選ぶ際に，デューディリジェンスの実施を手助けする。U. S. Department of Justice and the U. S. Securities and Exchange Commission（2012），pp. 5-7.

体的に「どのような行為が合法で，どのような行為が違法であるか」を明確に示すことが，海外腐敗行為防止の取り組みを始める企業にとっては，最も有用な情報になると考えられる。つまり，公務員に対する非公式な支払いであっても，それが違法行為だと明確に判断されるものと，法律の運用上はある程度許容されるものを区別し，企業がその許容範囲内でビジネスをすることが，海外腐敗行為防止においては効果的だと考えられる。言い換えれば，これらの点が明らかにされて初めて，企業は「リスクベース・アプローチ」を実践することができると言えよう。

　では，これまでに「指針」はこうした情報を日本企業に対して十分に提供してきたのか。ここでは，2004年度版の「指針」が企業に求める具体的取り組み内容を見ることで，これまでの日本企業を取り巻く状況を理解しておきたい[11]。2004年度版の「指針」は，海外腐敗行為を防止するために，次の6点を満たす体制を構築することを，企業に対して推奨していた[12]。

1. 基本方針の明確化とコンプライアンス・プログラムの策定
2. 組織体制の整備
3. 社内における普及活動及び教育活動の実施
4. 定期的監査
5. 企業の最高責任者による見直し
6. その他海外における事業活動に当たって特に留意すべき事項

　これらの内容は，決して誤った情報を提供している訳ではないが，あまりに抽象的であり，企業がコンプライアンス上のリスク一般に対処する際の，常識的な注意事項を述べたに過ぎない[13]。つまり，海外腐敗行為防止を目的とした「リスクベース・アプローチ」に関する必要な情報を提供してきたと

11　経済省は2015年に「指針」を大幅に改定し，それ以降の版ではリスクベースの内部統制について，より具体的な内容が紹介されるようになった。しかし，ここでは，経営者に対する影響という観点から，公開されてから比較的時間の経っている2004年改訂版の指針を，分析の対象として取り上げることとする。

12　経済産業省（2004），6-11頁。

13　経産省は，具体的なガイドラインを公表しようにも，十分な判例の蓄積がなかったために，そ

は言えない。

　ただし「指針」は 2015 年に大幅な改訂が行われ，その後も改訂作業が続けられた。これを踏まえた 2021 年の最新版「指針」においては，幅広く実務家や研究者などの専門家の意見を取り入れることで「リスクベース・アプローチ」に関する比較的詳細な記述がなされているのも事実である。しかし，2021 年版「指針」が詳細な情報を提供しているとしても，これが一般の経営者において十分に認知されているとは考えづらい。したがって，今でも経営者は，リスクベース・アプローチに関して，必要な情報を得ることができていないと考えるのが妥当である。

2.2　リスクベース・アプローチに関する情報

　日本では，当局による情報公開が不十分であったため，経営者は海外腐敗行為防止の内部統制に関して，必要な情報が得られなかったことが理解できた。だが，この問題は，ここまでに指摘したような「当局が具体的な実務ガイドを発表したか否かといった」という単純な原因だけに帰せられるべきなのだろうか。

　米国でも，海外腐敗行為防止の実務ガイドとして「リソースガイド」が発行されているとは言え，これは 2012 年に公開されたものであり，それまでは米国の経営者といえども十分な情報提供を受けていなかったとも言える。つまり，この点に鑑みれば，米国においても，日本企業の置かれた状況と比べて，大差はないという主張も可能である。では「リソースガイド」発行以前にまでさかのぼった場合に，米国当局はこれまでにも，企業に対して「リスクベース・アプローチ」を推進してきたと言えるのだろうか。

　この点については，米国では次の 2 点において，リスクベース・アプローチを企業に促すための工夫がなされてきたと言える。1 点目は「組織に対する連邦量刑ガイドライン」の導入である。米国では連邦量刑ガイドラインの

れを作成することができなかったと考えられる。むしろ，ガイドライン作成の背景にある法律設定の経緯や，制定後の運用の実態に問題があったとも言える。

制定以降，司法取引の手続きが高度にルーティン化されたと言われる[14]。このため，企業は，いかなる点に重点を置きコンプライアンスを実行すればよいかについて，明確な判断基準を得ることができた[15]。このため経営者は，海外腐敗行為防止についても，リスクベースで対策を講じればよいことは容易に想像がついただろう。

　2点目は，司法取引が経済犯罪にも適用されるようになったことである。企業は司法取引に効率的に対応するため，当局に対して情報開示を要求したが，当局はそれに応じて各種のメモ・レポートを発表し，コンプライアンスにおける評価基準を明示してきた。司法取引においては，コンプライアンス体制の構築にどれだけ努力したかが評価の対象となるため，企業はハイリスクな領域に対して重点的に資源を投じてさえいればよく，完璧な結果を求めなくても済むこととなる。米国では，こうした司法取引に関する情報が1990年代後半から継続的に開示されてきたのである。したがって，海外腐敗行為防止を念頭においた場合でも，リスクベースの内部統制がいかなるものであるべきかについて，経営者が予測を立てることは十分に可能であったと言えよう。

　これに対して，日本の司法制度では，米国で行われてきたような工夫が，これまで十分に講じられてこなかった。まず，司法取引制度については，日本の風土に馴染まないという反対意見が強く，長らく導入の手続は進められてこなかった[16]。このため，当局においても，司法取引において企業に求められるリスクベースの取り組みについて，十分な情報を公表することはなかった。こうした理由から，経営者はコンプライアンスの観点から海外腐敗行

14　そもそも米国では重罪についての全ての有罪判決の約90%が公判によるものでなく，有罪の自認の結果によるものであり，有罪答弁のほぼ90%が，司法取引の結果である。Westermann & Burfeind（1991）．

15　United States Congress House of Representatives（2009），p. 78.

16　司法取引の導入については，これまでに根強い反対意見があった。例えば「企業で犯罪が生じると社内で検察官への"情報提供合戦"が起きることも予想され，法務担当者の間では戸惑いも広がっている」「役員や社員が『検察への情報提供で会社に先を越されるのではないか』と疑心暗鬼になる可能性もある。情報提供が早まるとの見方もできるが，社内調査に支障を来すと懸念する声もある」などと言われてきた。「司法取引導入，企業に戸惑い，情報提供競う混乱懸念。」『日本経済新聞』2015年3月16日，朝刊，17頁。

為防止に取り組むにあたり，リスクベース・アプローチをいかにして実践すればよいかについて，これまで参考になる情報を得ることができなかった。

しかし，日本でも2016年の刑事訴訟法改正によって「証拠収集等への協力及び訴追に関する合意制度（以下，合意制度）」が創設され，いわゆる日本版司法取引制度が導入された。合意制度は2018年に施行され，すでに適用が始まっている。なかでも適用の第一号は第4章でも触れた三菱日立パワーシステムズ（MHPS）による不正競争防止法違反であり，外国公務員贈賄罪であった。しかし，これまでの適用例は上記の事件に加え，日産自動車による金融商品取引法違反，GLADHANDによる業務上横領罪の3件と少ない[17]。今後，日本で合意制度の適用が本格化すれば，米国当局と同様に日本の検察も違法行為に関する情報収集能力を高め，不正競争防止法の執行がさらに活発化する可能性がある。しかし，当面のところは，これが企業行動に対して明確に影響を与えているとは考えづらい。

また，米国の司法取引制度を支えるのは，上述の通り1991年に米国で制定された連邦量刑ガイドラインである。連邦量刑ガイドラインは，1980年代から1990年代の米国において，企業倫理の制度化が企業に浸透するに際し，大きな影響を与えたとされる。それ以前には，判決において刑期や罰金額などの量刑を決定する際には，恣意性が相当介入すると考えられていたが，連邦量刑ガイドラインの導入が裁判における量刑の判断に客観性を持たせることになった[18]。量刑の判断が客観化され，判断基準が明らかにされたことで，企業は海外腐敗行為防止においてコンプライアンスの視点からいかなる対応を講じるべきかについて，明確な判断を下すことが可能となった。

連邦量刑ガイドラインでは，企業が違法な支払いの見返りとして受け取った利益を「基準罰金額」とし，これに違法行為の深刻さや当局への捜査協力の姿勢などに基づく「有責点数」を乗じることで，罰金額の範囲が決定される。したがって米国当局は，連邦量刑ガイドラインを通じて罰金額の範囲を示すことで，司法取引を通じた企業の積極的な捜査協力を引き出すことが可

17　國廣他（2022），2-52頁。
18　梅津（2003），147-158頁。

能となるわけである[19]。

　しかし，日本においては，量刑ガイドラインに相当する制度は今のところ導入の議論が進んでいない。このため，合意制度が導入され，海外腐敗行為の事件にも適用が開始されたとはいえ，量刑ガイドラインのように違法行為をめぐる量刑の判断基準が公開されていない現状は，少なくとも米国の司法制度と比べれば，片手落ちと言わざるを得ない。何より，量刑ガイドラインによる量刑判断基準の情報開示は，経営者にとってリスクベース・アプローチ実践の重要な手がかりになるはずであるが，これが十分に行われていない日本では，経営者が情報不足に陥ることは否定できない。

3　市場セクターの視点
専門家の不在

　日本では，2015 年に「指針」が大幅に改定され，さらにその後は立て続けに海外腐敗行為防止のコンプライアンスに関する書籍も出版されてきた[20]。こうした文書や書籍を情報源として，近年では，海外腐敗行為防止のコンプライアンス体制について，具体的な知識を得ることができるようになっている。

　しかし，実際に企業がコンプライアンスを実行するにあたっては，独自のビジネスの性質や海外進出先によって異なるリスクの状況に合わせて，内部統制をカスタムしなければならない。あるいは，企業がこれまでに J-SOX や会社法など何らかの規制に対応するための内部統制システムを構築・運用してきたのであれば，その既存のシステムと新たに導入するシステムとの間の整合性をとることも重要になる。

　したがって，企業が海外腐敗行為防止に取り組む場合，既存の内部統制に

19　髙他（2012）1-24 頁。
20　最近では国内外のロー・ファームやコンサルティング・ファームを中心に，海外腐敗行為防止に関する日本企業向けの実務ガイダンスの作成・公表が進んでいる。以下は具体例である。ベーカー＆マッケンジー法律事務所・デトロイト　トーマツ　ファイナンシャルアドバイザリー（2013）；グローバル・コンプライアンス研究会（2013）；ベーカー＆マッケンジー法律事務所（2014）；森・濱田法律事務所グローバルコンプライアンスチーム（2014）；國廣他（2015）。

対して，いかにそれを組み込み，統合させていくかという点が，課題となるだろう[21]。そのためには，社内に蓄積された情報をリソースとして有機的に活用することで，リスクベース・アプローチを，組織の末端においても遵守するように徹底していくための改革が求められるのである。

とは言え，日本企業の経営者が，自らの力だけでこうした組織改革を実行できるかと言えば，それは困難だと言わざるを得ない。なぜなら，現代の企業組織は高度に複雑化しており，コンプライアンスの分野にもさまざまな専門的知識・技術が導入されているからである[22]。そこで，コンプライアンスを専門に扱う弁護士やコンサルタントから，専門的なアドバイスを得ることで，経営者の情報不足を補う必要が出てくる。

とりわけ，海外腐敗行為は法令違反に関わる問題なので，弁護士などの法律の専門家によるアドバイスが不可欠であることは言うまでもなかろう。ただし，ここで求められる情報は，特にFCPAを中心とした海外の法令に関する情報である。果たして，日本の専門家は，このような情報を経営者に提供することができているのか。

日本では，1990年代に入って産業規模の企業不祥事が発生し，コンプライアンスの意識がにわかに高まることとなった[23]。こうした状況のなか，企業法務の分野でも，弁護士の助言が頻繁に求められるようになった。ただし，当時，主要なコンプライアンス上の問題とされていたのは，粉飾決算や談合，総会屋問題など，多くが国内を中心に発生する問題であり，グローバルな問題として取り上げられていたコンプライアンス課題は環境問題，貧困問題，人権問題が中心であった[24]。

21　麗澤大学経済研究センター（2000），3頁。
22　例えば，膨大な量の社内データから不正行為に関わる情報を効率的に抽出するには「デジタル・フォレンジック」のような高度な情報分析技術の応用が必要とされる。ベロシス（2012），298-300頁。
23　髙（2010）39-42頁。
24　こうした状況は今でも大きく変わってはいない。日本企業は，「環境汚染」「気候変動」「人権」などの問題については既に取り組みを進めている企業が多いが，「貧困・飢餓・所得格差」「疾病予防・死亡リスク」などの問題については，他の分野と比べて取り組みが遅れている。東京財団CSR研究プロジェクト（2015），16頁。この調査では，「腐敗」や「贈賄」の問題については，調査対象として組み込まれてすらいない。

もちろん，これらの分野を中心に，日本でも一部の国際派の弁護士はグローバルに活躍していたわけだが，他方で，海外腐敗行為の分野に国内法曹界の注目が十分に集まることはなく，企業に助言をする立場にある日本の弁護士においても，海外腐敗行為を主要なコンプライアンス上の問題として捉えることは，これまであまりなかったと考えられる。つまり，経営者がこの問題に関して専門的なアドバイスを受けようにも，そうした知識を有する弁護士がほとんどいなかったと言える。

　とは言え，最近では，日本でも優れた国際感覚を有する弁護士が，海外腐敗行為や国際カルテル，マネーロンダリング，ビジネスと人権など，グローバル・レベルで発生するコンプライアンス問題に，強い関心を示すようになっている。これを象徴するのが，日本弁護士連合会（以下，日弁連）の「不正腐敗防止ワーキンググループ」による海外腐敗行為防止に関するガイダンスの作成プロジェクトである。日弁連では国際派の弁護士が中心となり，プロジェクト・チームが立ち上げられ，専門家に向けたガイダンスの作成が行われた。このガイダンスは 2016 年に「海外贈賄防止ガイダンス（手引）」として公表された[25]。日本の弁護士界における海外腐敗行為問題への関心が高められるとともに，経営者に対する専門的な見地からのアドバイスも可能になると期待される。

　また 2016 年には，日弁連ガイダンスの作成メンバーを中心に，海外贈賄防止委員会（ABCJ：Anti-Bribery Committee Japan）が組織された。ABCJ は，弁護士や研究者，コンサルタントなどを中心とした任意団体で，メンバーが共同して日本企業による海外腐敗行為防止の取り組みを支援している。日弁連ガイダンスは，日本企業向けに，海外腐敗行為防止の取り組みの要点を整理した文書であるが，ABCJ はこれを単なる規範にとどめることなく，さまざまな団体と連携しながら，セミナーやワークショップの開催，論文執筆を通じたガイダンスの普及活動，海外贈賄に関する各国法規制の動向や実務影響に関する調査などを通じて，企業のコンプライアンス活動における実務上の支援をしている[26]。

25　日本弁護士連合会（2016）。
26　海外贈賄防止委員会「概要」『海外贈賄防止委員会ホームページ』。

しかし，現状では，こうした取り組みはごく一部で始まっているに過ぎない。むしろ，この問題について弁護士向けのガイダンスが必要とされるという事実こそが，専門家の知識不足を体現していると言えよう。今のところ，一部を除けば，個々の専門家の知識を以てしても，経営者に対して適切な助言を与えることができないのである。

4 ● 小括

ここまでに，3つのセクターからの考察を通して，日本企業の経営者が情報を有機的に活用することができないという問題につき，その遠因が整理された。

第一に，企業セクターに注目し，2つの点を明らかにした。まず，日本企業の海外事業展開は近年になって急速に進行しているため，海外腐敗行為に関する十分な情報が社内に蓄積されていないことがわかった。また，新たに情報を収集しようとしても，コンプライアンス部門に十分な人員を割り当てていないため，現地の状況に関する正確な情報収集を行うことができないことが確認された。

第二に，政府・行政セクターに焦点を当て，2つの点を明らかにした。まず，「外国公務員贈賄防止指針」が，経営者が内部統制を実行するために，必要かつ十分な情報を提供できていないことがわかった。また，当該「指針」が公表される以前にも，司法取引制度が導入されていなかったために，リスクベースの取り組みに関する情報を入手することができなかったことが確認できた。

第三に，市場セクターに着目した。企業に助言をする立場にある日本の弁護士においても，海外腐敗行為に注目することはほとんどなかったと考えられる。したがって，FCPA に対応するための内部統制について，経営者が専門的な助言を得ることは難しかったことが確認された。

これらの理由から，日本企業の海外腐敗行為防止において経営者が情報を有機的に活用することができないという問題につき，少なくともこれを部分的に引き起こすと考えられる外的要因を整理することができたと言える。

第 **7** 章

経営者の
果たすべき役割：
制度のすきまの克服に向けて

1 ● 内部統制が機能しない根本原因

　ここまでの各章を通して，日本企業による海外腐敗行為防止活動の現状を整理し，それを取り巻く経営環境に対して分析を加えてきた。ここで今一度，本書の内容を振り返り，その内容を次の3点に整理しておきたい。

　1点目は，拡大する企業体と経営者責任である。海外腐敗行為は，人権や安全保障にも関わる深刻な国際的課題である。国際社会はこの問題と戦うため，FCPA（海外腐敗行為防止法）を中心にグローバルな規制体制を構築し，従来よりも「地理的・法的・経済的[1]」に広い範囲の責任を，企業経営者に課すようになった[2]。当然，日本企業においても，企業体概念や経営者責任の拡大を前提として，取り組みが進められなければならない。

　2点目は「日本企業による取り組みの遅れ」である。この点については，

1　近年のFCPAを巡っては，「3つのボーダレス化」が起きていると言われる。それは(1)国境を越え（域外適用の拡大），(2)法人格を越え（海外子会社への適用），(3)当事者である会社を超える（関係取引先やエージェントへのコンプライアンス・プログラムの実施要求）という現象である。柿﨑（2015），95-99頁。
2　日本と比較して，英米では実にさまざまな局面で信認関係の広がりが見られる。樋口（1999），5-25頁。FCPAは経営者に広範な責任を課す米国法の典型例だと言える。

まず先進的な取り組みをしていると言われる企業でさえ，海外腐敗行為防止の管理体制が機能していなかったことから推測し，日本企業の取り組みが全体として遅れていることを確認した。さらに，日本企業の取り組みが全体として遅れているという事実を踏まえ，これを引き起こす直接的な理由をアンケート調査にもとづき分析・整理した。その結果，日本企業の経営者が抱える「リスクに対する甘い認識」「リスク対応の先送り行動」「リスク情報の不足」という３つの問題が確認された。

3点目は，上記３つの問題を引き起こす遠因，すなわち「日本企業の取り組みが遅れていることの間接的な理由」を整理した。ここでは「企業セクター」「政府・行政セクター」「市場セクター」の３つの視点から，それぞれの抱える問題を指摘したが，これらは２点目の問題の遠因であると同時に，3点目に挙げた３つの問題に対して部分的な説得力を与えることで，結論を補強する根拠にもなったと言える。

これら３点の分析結果を踏まえると，一部の日本企業の経営者が，海外腐敗行為防止に係る責任を十分に果たしていないことは明らかである。その直接的な理由はマネジメント上の３つの問題にあるわけだが，その遠因，すなわち根本的な理由をたどれば，経営者をとりまく３つのセクターにまでさかのぼることができる。

2 ● 制度のすきまと経営者の責任

とは言え，日本企業の取り組みが進まないことについて，その責任が３つのセクターにあると主張するつもりはない。なぜなら，企業経営において最終的な責任を負うべきは，あくまでも経営者だからである[3]。したがって，取り組みが遅れている理由が３つのセクターにあるとしても，その「責任」は経営者に帰せられるべきである。言い換えるならば，問題は「経営者の意

---

3 経営者は，会社法の規定のもとで会社の信任（信認）を受けている人間であり，すなわち信任受託者である。岩井（2005），25頁。したがって，経営者は自らの経営判断が導く帰結に対して法的にも責任を負っているのである。

識が国内志向を抜けきれていないこと」にある。

　そこで「経営者が国内志向を脱し，内部統制を抜本的に改革することで，国際社会が要請する海外腐敗行為防止の強固なコンプライアンス体制を構築する」これが，海外腐敗行為防止において，現代の経営者が果たすべき責務である。

　ただし，その際に企業が直面する最大のハードルに，制度のすきまがある。制度のすきまは，先進国側の規制と途上国の商慣習の間にあるギャップによって生まれるが，これを克服するには，本社側が現場の状況を正確に理解し，それをリスクと捉えることで，内部統制の対象として取り込む必要がある。とりわけ，ビジネスパートナー等の第三者による取引については，専門家でも内部統制の対象と考えていない場合も多い。つまり，第三者を仲介して賄賂の受け渡しをすれば，企業自身が違法行為をしたことにはならないと考えている専門家もいるわけである。ところが，実際には第三者を通じた贈賄は，FCPA[4]でも不正競争防止法[5]でも違法行為と認められる場合があり，こうした認識は誤りだと言わざるを得ない。

　したがって，経営者が自らの責任のもと，第三者を含めた企業体に関する広い理解を持ち，海外腐敗行為のリスクを正しく認識することが何よりもとめられている。本書の結論が持つ最も重要な含意はここにある。

3　リスク認識の強化に向けて
コレクティブアクション

　海外腐敗行為防止には，経営者が正しいリスク認識を持つことが重要であるが，そのためには，現場からの情報収集が欠かせない。そこで経営者は，現場社員が本社に対して正確な情報を伝達できるよう，社内の環境を整備することが必要である。しかし，日本企業を取り巻く経営環境は，海外腐敗行

4　FCPAは第三者を通じた贈賄を禁止している。U. S. Department of Justice and the U. S Securities and Exchange Commission（2012），p. 22.

5　日本でも第三者を通じてなされる贈賄行為は外国公務員贈賄罪の適用対象になっている。経済産業省（2021b），29頁。

為防止について，経営者の意思決定を十分に支援していないため，個社が独力で海外腐敗行為防止と向き合い，効果的な内部統制を機能させるのは容易なことではない。

　そこで「コレクティブアクション」を通じて，企業が互いに協力することが重要となる。コレクティブアクションとは，個社では対応が困難な問題に対して，複数の企業が協力関係を築きながら問題に対処する取り組みを指す。コレクティブアクションは「短期／長期」の区分と「コミットメント／強制」の区分により，図表7-1に示す4つのタイプに分類される[6]。コレクティブアクションを実践する企業は，自社の目的に合わせ，4つのうちひとつ以上のタイプを選び，同種の目的を持ったアクションに参加することになる。

　海外では，複数の企業が連合をつくり，通関での不当要求をなくすために現地当局へ働きかけるなど「インテグリティパクト」や「認定企業連合」に分類されるような，強制力を伴うコレクティブアクションが展開されてい

図表7-1　コレクティブアクションの4タイプ

	倫理的なコミットメント	社外からの強制
短期的な契約または入札プロセス	宣言 プロジェクト中の腐敗行為などを署名者に控えさせるための，拘束力のある原則。 公にコミットすることにより，「名誉のための」強制力と同調圧力が生まれる。	インテグリティパクト 顧客と競合入札者との間の，拘束力なる契約。外部のモニタリング。 違反が証明され次第，制裁措置が適用される。
長期的なセクター単位のイニシアティブ	原則主義に基づくイニシアティブ 署名者を日常の事業活動において腐敗行為に従事させないための，拘束力のある原則。 公にコミットすることにより，「名誉のための」強制力と同調圧力が生まれる。	認定企業連合 メンバーになるためには，社外の監査員が管理するコンプライアンス関連の前提条件がある。 メンバーは，認定基準を満たさなければ排除される。

出所：UNGC (2015) p. 18.

6　UNGC (2015).

る[7]。他方，日本企業においては「宣言」や「原則主義に基づくイニシアティブ」など，倫理的なコミットメントを重視する取り組みが目立つ。

　ここでは，海外の実例として3団体を取り上げ，その概要を紹介するとともに共通点を抽出することで，コレクティブアクションの成功要因を明らかにしておきたい[8]。

　EMB（Ethics Management of the Bavarian Construction Industry）は，2007年より，ドイツの建設業界を対象に「倫理経営システム（EMS：Ethics Management System）」の監査を実施している団体である。EMSとは，バイエルン市の建設業を対象に，業界の腐敗を防止し信頼を高めることを目的として作られた枠組みで，参加企業に対し倫理綱領の作成，従業員トレーニングの実施，倫理監査などを規定するものである[9]。

　EITI（Extractive Industries Transparency Initiative）は，資源採取国家の透明性を高めると同時に，統治機能を強化することを目指し，2003年に設立された国際組織である。EITI参加国には，資源採取に関する情報を少なくとも3年に1回の頻度で開示することが求められている。他方，EITIを支持する資源採取企業（Supporting Companies）は，参加国における情報開示プロセスの実行に携わる事務局のメンバーとして，活動に参加している[10]。

　MACN（Maritime Anti-Corruption Network）は2011年に設立された国際的なビジネスのネットワークで，海運業界の腐敗，特にファシリテーション・ペイメントの撲滅を掲げている。成立から比較的歴史の浅い同組織では，メンバー企業に厳格なルールの順守を求めるというよりも，企業間で知識と経験の共有を図ることが重要であると考えられている[11]。

　これら3団体は，いずれも大規模かつ影響力の強い団体であり，各分野における企業のコンプライアンスを現実にサポートし，腐敗防止を推進している。これらの団体の主たる特性を，図表7-2に整理しておく。

7　竹内（2017），8-16頁。
8　竹内（2017），8-16頁。以下の内容は，本書の著者である藤野が，竹内（2017）14-16頁において執筆協力した箇所を，同稿の著者である竹内氏の承諾のもと，引用する。
9　Wieland & Gruninger（2003），pp. 119-135.
10　Moberg & Rich（2016）pp. 113-124.
11　Schoor & Luetge（2016）.

図表 7-2　海外におけるコレクティブアクションの成功例

	EMB	EITI	MACN
タイプ	認定企業連合	認定企業連合	認定企業連合
対象	大規模な腐敗	大規模な腐敗	小規模な腐敗
目的	メンバーの組織に価値主導型のコンプライアンス・システムを導入すること。	EITI 適用国において，EITI 基準に則して収益獲得プロセスを開示すること。	メンバーの組織に腐敗防止コンプライアンス・プログラムを適用すること。
特徴	ドイツ当局による支援を受けている。外部のモニタリングによる客観的な評価を重視している。	対象を資源採取産業の収益源泉という点に特化し，国家と企業の両方にまたがる枠組みを構築している。	悪質な贈賄だけでなく，港湾施設等における FP 要求への対応も行う。現地組織との連携を重視している。
ルール	参加企業が腐敗防止マネジメント・システムを適切に実行しているかを，第三者が監査し，認証を行う。	支援企業は支払いに関する情報開示を，遵守国は収入に関する情報開示を，テンプレートに沿って行う。	自己評価ツールに基づき，MACN 腐敗防止原則に沿ったコンプライアンスを実行しているかを開示する。

出所：竹内（2017）8-16 頁に筆者が加筆・修正。

　各団体の対象，目的，特徴，ルールを概観すると，いずれの団体も互いに異なる特性を有していることがわかる。こうした特性のなかから，それぞれの団体の活動を成功に導いた共通の要因を，次の 3 点にまとめておきたい[12]。
　第一に，政府等の公的機関による働きかけである。規制環境の整備・運用はコレクティブアクションが動き出す重要なきっかけとなる[13]。規制が十分に発達していない場合でも，それを補完する役割を期待して公的機関が活動をサポートする必要がある。例えば，ドイツ当局は，EMB による倫理監査の実施を，調達における適法性判断の基準として認めている[14]。また，UKBA（英国の贈収賄法）のもとでは，コレクティブアクションのメンバー

12　本書では，Schoor & Luetge（2016）で挙げられた 6 要因を，主要な 3 点に集約している。
13　ドッド＝フランク法第 1504 条は，米国の証券発行者に対して，採取産業企業に対して情報開示を要求している。同法には，資源国家に対して EITI のルールに従うことを促す効果が期待されている。Moberg & Rich（2016）.
14　Schoor & Luetge（2016）.

として活動することそのものが，企業にとって内部統制構築義務履行の証明のひとつになるとも考えられている[15]。

　第二に，多様な主体が参加していることである。政府はもちろん，多数の企業や外部機関が目的を共有することで，コレクティブアクションの影響力を強めることができる[16]。例えば，EMB はドイツ建設業協会（German Construction Industry Association）の支援を受けている[17]。また，EITI は英国のブレア元首相が発案し，英国国際開発省（DFID）の主導で組織され，その過程には政府，企業，市民社会組織それぞれの代表が関与してきた。一方，MACN は政府から独立した機関であるが，現地組織との連携において，Basel Institute on Governance などのステークホルダーの支援を受けている[18]。

　第三に，メンバーに共通のルールを適用することである。ルールを設定し違反者への対策を講じることで，コレクティブアクションの信頼を保ち持続的な活動を展開することができる。EMB では，システムに不備があればモニタリングは 3 年ごとから 1 年ごとに切り替えられ，拒否すれば認証リストから除外されることになる[19]。ただし，MACN のように厳格なルールの適用が難しい組織では，遵守状況を自主申告させ，深刻な違反があったらメンバーから除名するという方針が採用される[20]。

　このように，コンプライアンスのリソースが限られている状況のもとで，最大限のパフォーマンスを発揮しようとするならば，コレクティブアクションを通じて，複数会社で現地情報を共有し，それに基づき効果的な対策を講じることが重要となる。複数の会社が協力することで，収賄側の要求に対する抑止力を高めるだけでなく，情報収集能力を向上させ，リスクベース・アプローチを強化することが期待できるからである。

　もっとも，これらはあくまで海外の成功例であり，日本とは経済・社会的

15　Ministry of Justice（2012），p. 23.
16　外部機関が参加することで，取り組みの客観性が示され，同業他社と協調することの競争法違反リスクを懸念する企業にとっては安心材料にもなる。
17　Moberg & Rich（2016），pp. 113-124.
18　Schoor & Luetge（2016）.
19　Schoor & Luetge（2016）.
20　Schoor & Luetge（2016）.

背景を異にするため，日本の関係者がこうした取り組みをそのまま踏襲する必要はないだろう。それでも，海外の実例における成功要因を参考にすることは，今後，日本の海外贈賄防止コレクティブアクションを成功に導いていくための重要な指針となるはずである。

4 ● 日本企業の今後に向けた提言

　日本における海外腐敗行為防止のコレクティブアクションの代表例としては，グローバル・コンパクト・ネットワーク・ジャパン（GCNJ：Global Compact Network Japan）を挙げることができる。GCNJ は「国連グローバル・コンパクト（UNGC：United Nations Global Compact）」の理念を日本で実現するために，2003 年 12 月に発足した日本でのローカルネットワークである。UNGC は国連と民間（企業・団体）が手を結び，健全なグローバル社会を築くためのイニシアティブで，「人権」「労働」「環境」「腐敗防止」の 4 分野における 10 の原則を示している。これら 10 原則に賛同する企業や団体は，トップ自らのコミットメントのもと，その実現に向けて努力を継続することが求められる。

　GCNJ は，日本企業による腐敗防止の活動を推進することを目的に「シーメンス・インテグリティ・イニシアティブ」のサポートを得て，2017 年に「腐敗防止に向けたコレクティブアクションプロジェクト」を開始した。このプロジェクトでは，GCNJ と ABCJ[21] が協力して「腐敗防止強化のための東京原則」を策定・普及するとともに，企業の腐敗防止活動を評価するための「贈賄防止アセスメントツール」の開発が行われた。2022 年現在で信越化学工業，オリンパス，アステラス製薬，住友理工の 4 社が，東京原則に賛同しており，GCNJ を中心とした腐敗防止活動において，さまざまな局面でリーダーシップをとっている。

　これらの取り組みは，腐敗防止という共通の目的を持った複数企業が共同

21　ABCJ の詳細については，第 6 章を参照のこと。

し，GCNJのような外部の団体のイニシアティブのもと，腐敗防止に向けたコミットメントを明確化するという意味で「原則主義に基づくイニシアティブ」に分類される。もちろん，こうした取り組みは強制力を伴わず，特定の契約や入札プロセスに照準を合わせた取り組みではないため，短期的な成果を期待することは難しいだろう。とはいえ，このような活動が日本におけるコレクティブアクションの萌芽となり，今後の発展につながっていくことが望ましい。

　その点において，GCNJが公表する「SDGs進捗レポート」は，これからの日本企業による海外腐敗行為防止のコレクティブアクションの方向性を考えるうえで，重要な指摘をしている[22]。このレポートは，主に「SDGsの認知・浸透度」「ジェンダー平等」「はたらきがい・人権」「循環経済」「気候変動」「腐敗防止」をテーマに，GCNJの会員企業を対象としたアンケートを用いて，それぞれのテーマにおける取り組みの進捗度を明らかにしている。腐敗防止については，方針明確化や規程類作成など書類上の対応を超えて，内部通報制度や違反者への懲戒手続きなど組織的対応にまで取り組みが進んでいることが明らかにされている。一方，国内・海外のグループ社員へのヒアリング調査や，サプライヤーやサードパーティへのデューディリジェンスおよび教育トレーニングの実施が遅れていることもわかる。

　GCNJをはじめとして，日本にもコレクティブアクションの萌芽があるものの，一部の企業やその関係者には，依然「海外贈賄防止に真剣に取り組む必要はない」という考えも見受けられ，足並みを揃えるのは容易ではない。こうした状況のなか，コレクティブアクションを推進するには，その目指すべき方向性を明確にしておく必要があろう。

　SDGs進捗レポートの結論を念頭におけば，日本企業に求められる次なる一歩として，サードパーティ・デューディリジェンスをはじめとしたリスクベース・アプローチを徹底していくことが重要となる。そのために，多くの企業がGCNJのような団体を通じて海外腐敗行為防止に向けて協力し，コレクティブアクションの枠をさらに広げることが必要となるだろう。そこで，

22　グローバル・コンパクト・ネットワーク・ジャパン・地球環境戦略研究機関（2022），50-56頁。

企業が互いに規程類整備やサードパーティ・デューディリジェンスに関する情報共有などを共同で行い，個者の弱点を互いに補いながら海外腐敗行為防止の取り組みを推進していくことを期待したい。

　本書で提示した拡大された企業体概念に基づくリスク認識の強化は，海外腐敗行為防止に限らず，人権侵害防止，独占禁止，環境保護，プライバシー保護など，グローバルレベルの内部統制の構築・運用が求められる分野の問題解決においても必要な発想である。幅広いステークホルダーとの関係を強化することで，多様なリスクに柔軟に対応し，企業と社会の両方にとって，持続的な発展を導くことが可能となる。

5　本書の限界と今後の展望

　最後に，本書を通じて得られた結論には，いくつかの限界があることにも留意しておきたい。本書では，海外腐敗行為の防止に焦点を当て，日本企業によるリスクベースの内部統制構築・運用が進まないという問題について，根本的原因を探ってきた。そのために，内部統制を一定のプロセスに分解・整理することで，分析上のフレームワークを構築し，分析を行った。

　しかし，本書を通じて取り組んだ分析を，社会科学という研究上の視点に立って眺めたとき，その結論が十分な客観性を持つとは言い切れない部分がある。そもそも，社会科学研究では「概念化」「観察・測定」「検証」「解釈」から成る一連の過程を経て，初めて研究成果が客観的妥当性を持つとされる[23]。しかし，ここに挙げた4つの過程のうち，本書を通じて達成されたのは「概念化」に過ぎず，それに続くべき「観察・測定」「検証」「解釈」という一連の手続きは行われていない。このため本書は，社会科学の立場から見

23　社会科学研究のサイクルは，次の4つの手順を踏まえたものでなければならない。まず現実を抽象化することで理論的仮説を創出する。その理論的仮説に一定の指標を設定することで概念を操作化し「検証可能な命題」を構築する。そして観察可能な指標を理論的仮説に当てはめることでデータ分析を行い，命題を検証する。最後に検証結果を解釈することで理論的仮説を修正する。藤本（2005），2-39頁。

た場合，必ずしも客観的な結論を導いたとは言えないことになる。

　また，分析上の必要性から，経営者の意思決定に影響を与える経営環境として3つのセクターに着目したが，そこに取り込まれないものの位置付けがあいまいとなっていることにも注意しておく必要がある。例えば，NGOを含めた各種ステークホルダーの影響力は，近年軽視できない程に大きくなっている。しかし，彼らが経営者のマネジメント・プロセスに対して及ぼす影響は，本研究の分析過程には反映されていない[24]。

　加えて，本書が主に日米の制度に焦点を当てている点にも限界がある。新興国における反腐敗運動の高まりなど，日本企業の進出先における近年の環境変化は著しい。今後，こうした動向が経営者の意思決定に与える影響は小さくないはずだが，この点についても本書では十分に考慮されていない。

　それでも，本書の結論が一定の説得力を持つことについては，認めることができるのではなかろうか。海外腐敗行為防止の取り組みは，企業が海外展開をするうえで避けては通れない道であるが，日本企業がこれから取り組みを進めていく際には，リアリティを持った有益な知見が必要とされる。こうした知見を本書が提供し，経営者の世界観に何らかの影響を及ぼすものと期待したい[25]。ただし，その影響を確実なものとするには，より経営の実態に即した研究を展開することも必要である。これが，残された今後の研究課題となる。

　そのためには，経営者に対する意識調査を行うなどして，より現実に近いデータを集め，客観性の高い研究に取り組むことで，説得力を高める必要があるだろう。本書では，このような調査を行うことには方法論上の限界があったが，今後はこうした困難を克服したうえで，本書で得られた結論を精緻化・検証していく作業が求められる。

　また「企業」「政府・行政」「市場」の3つのセクター以外にも，さまざま

24　もっとも，前章で取り上げたコレクティブアクションに関しては，取り組みを推進する第三者機関の影響が重要となるが，この点において日本でも，今後NGOの活躍が期待される。

25　社会科学研究のサイクルにおける4つの過程の全てを，必ずしもひとつの研究において網羅する必要はない。学術研究のアプローチは仮説構築型と仮説検証型とに大別されるが，特定のテーマに関する研究の初期段階や，当該研究領域に新たな視点を持ち込むような場合には，特に前者のアプローチが有効だとされている。桑嶋（2005），39-40頁。

なステークホルダーを視野に入れ，彼らが持つ影響力にも積極的に目を向けていかねばならない。特に，国際NGOやメディアの影響は，海外腐敗行為防止のマネジメントにおいて，無視することのできないほどに大きくなりつつある。今後は，これら市民社会の動向についても注視していく必要があるだろう。

　さらに，近年の大きな動きとして，新興国における腐敗防止の活発化にも注目しておく必要がある。こうした国々には日本企業が多く進出しているが，現地の法制度に対応したコンプライアンス体制は，制度のすきまに直面して十分に機能していない面もある。制度のすきまを克服するには，何より新興国の腐敗の状況を正確に把握するための調査研究活動が欠かせないだろう。

　グローバル社会が新たな局面に入りつつあるなか，「自由で開かれたインド太平洋」の実現に向けて，日本企業の行動は極めて重要な鍵を握ることになる。日本企業による実効性のある海外腐敗行為防止の実践を推進するために，進出先の正確なリスク情報を収集し，本社のマネジメントに活かせるかたちで整理・発信していくことが，筆者に課された今後の使命だと考える。

おわりに

　本書のテーマである海外腐敗行為は，筆者が2012年に麗澤大学大学院経済研究科に入学して以来，およそ10年にわたり追究している研究対象である。2012年当時は，まだ日本企業に対するFCPAの適用例も少なく，さほど社会の関心を集めてはいなかったように思われる。しかし，日本企業に対する国内外の法執行事例や国際社会の変化の影響を受けて徐々にこの問題が注目されるようになり，今ではESG課題のうちG課題における主要な問題として位置付けられるほどに，重要視されるようになった。

　筆者がこのテーマを追うきっかけとなったのは，麗澤大学大学院博士課程在籍中の指導教員である髙巌教授（現明治大学教授）の影響である。髙教授は，遡ること2000年台初頭からこの問題に着目し，グローバルリスクへの対応として，海外腐敗行為防止の取り組みの必要性を日本企業に訴え続けてきた。

　筆者は，会計不正をはじめとして，リーマンショック以降に立て続けに明らかになった日本企業のガバナンス上の問題に強い関心を持ち，髙教授のもとで企業倫理の研究活動を開始した。そのなかで，企業会計や内部統制とも極めて関係の深い海外腐敗行為に注目し，この問題をテーマに，企業倫理の視点から博士研究に取り組むこととなった。

　本書は，髙教授の指導のもとで執筆した博士論文をもとに，その後の研究成果の反映や情報更新を行うことで，大幅に改訂を加えたものである。本書を上梓することができたのは，何より髙教授のご指導のおかげである。

　また，筆者は海外贈賄防止委員会（ABCJ）の発足時から事務局として参加し，メンバーの皆様と議論するなかで，コンプライアンスの実践的な知見を得ることができた。特に，真和総合法律事務所の高橋大祐弁護士には，公私にわたって多大なご支援をいただき，さまざまな成長のチャンスをいただ

いた。

　加えて，この分野の専門家である社会構想大学院大学教授の北島純先生や，ABCJ メンバーでもある佐藤剛己様にも，本書を執筆する上で，非常に重要なご示唆をいただいた。

　本書の出版にあたっては，白桃書房の金子歓子様にご支援をいただいた。執筆が思うように進まないときも，焦らずに暖かい言葉をかけていただくとともに，的確なご助言をくださった。

　最後になるが，最も大切なこととして，妻の祐香は，家事育児の多大な負担を厭わず，陰で私の研究生活を支えてくれた。普段は感謝の言葉を伝えられていないが，麗澤大学に着任以来，私がずっと研究に没頭することができたのは，誰よりも妻のおかげである。ここに，心より感謝の気持ちを表したい。

著　者

〈欧文文献〉

Abikoff, K. T., Wood, J. F. & Huneke, M. H. (2014). *Anti-Corruption Law and Compliance: Guide to the FCPA and Beyond.* Bloomberg BNA

Akerlof, G. A. (1970). "The Market for "Lemons": Quality Uncertainty and the Market Mechanism." *The Quarterly Journal of Economics*, Vol. 84, No. 3, pp. 488–500.

Alesina, A. & Weder, B. (2002). "Do Corrupt Governments Receive Less Foreign Aid?" *American Economic Review*, Vol. 92, No. 4, pp. 1126–1137.

Anwer, N. (2012). *Compliance Program@Siemens.* Strengthening Integrity In Private Sector Organized by UNDP, MENA-OECD Bahrain. (https://www.oecd.org/mena/competitiveness/44927648.pdf)

Asian Development Bank (2017). *Meeting Asia's Infrastructure Needs.* (https://www.adb.org/publications/asia-infrastructure-needs)

Baker & McKenzie (2013). *Opportunity Across High-Growth Markets: Trends in Cross-Border M&A.* The Economist Intelligence Unit.

Banerjee, C. (2016). "Lokpal Act Must Revisit the Definition of Public Servants." *Hindustantimes*, December 7. (http://www.hindustantimes.com/analysis/the-lokpal-act-must-revisit-the-definition-of-public-servants/story-JXE3Wra VVVnvJceYyTy1UI.html)

Biegelman, M. T. & Biegelman, D. R. (2010). *Foreign Corrupt Practices Act Compliance Guidebook: Protecting Your Organization from Bribery and Corruption.* John Wiley & Sons.

Cassin, H. (2021). "What's new on the FCPA Top Ten List?" *The FCPA Blog*, May 26. (https://fcpablog.com/2021/05/26/whats-new-on-the-fcpa-top-ten-list/)

Cassin, R. (2014). "With Alstom, Three French Companies are Now in the FCPA Top Ten". *The FCPA Blog*, December 23rd. (http://www.fcpablog.com/blog/2014/12/23/with-alstom-three-french-companies-are-now-in-the-fcpa-top-t.html)

Crook, J. R. (2011). "U.S. Justice Department and Securities and Exchange Commission Intensify Anti-bribery Enforcement." *The American Journal of International Law*, Vol. 105, Issue 3, pp. 582–586.

DeGeorge, R. T. (1993). *Competing with Integrity in International Business*. Oxford University Press.

Fisch, J. E. & Gentile, C. M. (2003). "The Qualified Legal Compliance Committee: Using the Attorney Conduct Rules to Restructure the Board of Directors." *Duke Law Journal*, No. 53, pp. 517–584.

Gibson Dunn (2021). *2020 Year-End Update on Corporate Non-Prosecution Agreements and Deferred Prosecution Agreements*. January 19. (https://www.gibsondunn.com/2020-year-end-update-on-corporate-non-prosecution-agreements-and-deferred-prosecution-agreements/)

Goelzer, D. L. (1997). "Designing an FCPA Compliance Program: Minimizing the Risk of Improper Foreign Payments." *Northwestern Journal of International Law & Business*, pp. 282–302.

Goswami, G. K. (2017). *Investigation of Corruption Cases*. Capacity Building Programme for Public Prosecutors of Uttar Pradesh, 2017. (https://www.researchgate.net/publication/317742020_Investigation_of_Corruption_Cases)

Husted, B. W. (1999). "Wealth, Culture, and Corruption." *Journal of International Business Studies*, Vol. 30, No. 2, pp. 339–359.

Indonesia Investment (2014). "Corruption in Indonesia: Analysis of Political Corruption". *Indonesia Investments*. (http://www.indonesia-investments.com/doing-business/risks/corruption/item235)

International Chamber of Commerce (2010). *ICC Guidelines on Agents, Intermediaries and Other Third Parties*. ICC. (https://icsid.worldbank.org/sites/default/files/parties_publications/C3765/Respondent% 27s%20Counter-Memorial/Pièces%20juridiques/RL-0051.pdf)

International Chamber of Commerce (2015). *ICC Anti-corruption Third Party Due Diligence: A Guide for Small and Medium-sized Enterprises*. ICC, May 26. (http://www.iccwbo.org/Data/Policies/2015/ICC-Anti-corruption-Third-Party-Due-Diligence-A-Guide-for-Small-and-Medium-sized- Enterprises/)

Iriyama, A., Kishore, R. & Talukdar, D. (2016). "Playing Dirty or Building Capability? Corruption and HR Training as Competitive Actions to Threats From Informal and Foreign Firm Rivals." *Strategic Management Journal*, Vol. 37, No. 10, pp. 2152–2173.

Jensen, M. C. & Meckling, W. H. (1976). "Theory of the Firm: Managerial Behavior, Agency Costs and Ownership Structure." *Journal of Financial Economics*, Vol. 4, No. 3, pp. 305–360.

Kahneman, D. (2011). *Thinking, Fast and Slow*. Penguin Books. (カーネマン, D. 著, 村井章子訳『ファスト & スロー――あなたの意思はどのように決まるか？[下]』ハヤカワノンフィクション文庫, 2014 年)

Karapidakis, S. (2012). *Siemens Compliance System—Track Record and Challenges*. Siemens Case Study, AUEB, Evelpidon 47A, Athens, November 26. (https://eclass.aueb.gr/modules/document/file.php/DET156/SESSION%20 4%3ACORRUPTION/Siemens%20Case%20Study%20Presentation%20for%20 Collective%20Action%20-%20ASOEE.pdf)

Khanna, T. & Palepu, K. G. (2010). *Winning in Emerging Markets: A Road Map for Strategy and Execution*. Harvard Business Review Press. (カナ, T.・パレプ, K. G. 著, 上原裕美子訳『新興国マーケット進出戦略――「制度のすきま」を攻める』日本経済新聞出版社, 2012 年)

Loughman, B. P. & Sibery, R. A. (2011). *Bribery and Corruption: Navigating the Global Risk*. Ernst & Young LLP.

Martini, M. (2012). "Causes of Corruption in Indonesia" *U4 Expert Answer*. Transparency International, August 7. (https://knowledgehub.transparency. org/assets/uploads/helpdesk/338_Causes_of_corruption_in_Indonesia.pdf)

Ministry of Justice (2012). *The Bribery Act 2010: Guidance About Procedures Which Relevant Commercial Oprganizations Can Put Into Place to Prevent Persons Associated With Them from Bribing (Section 9 of the Bribery Act 2010)*. Ministry of Justice. (https://www.justice.gov.uk/downloads/legislation /bribery-act-2010-guidance.pdf)

Moberg, J. & Rich, E. (2016). Beyond Governments: Lessons on Multi-stakeholder Governance From the Extractive Industries Transparency Initiative (EITI). In Pieth, M. (ed.) *Collective Action: Innovative Strategies to Prevent Corruption*.Dike, pp. 113–124.

OECD (2006). *OECD Council Recommendation on Bribery and Officially Support-*

ed Exportcredits, Working Party on Export Credits and Credit Guarantees.

OECD (2009). *Typologies on the Role of Intermediaries in International Business Transactions*, October 9. (https://www.oecd.org/daf/anti-bribery/anti-briberyconvention/43879503.pdf)

OECD (2012). *Convention on Combating Bribery of Foreign Public Officials in International Business Transactions and Related Documents*. OECD. (https://www.oecd.org/daf/anti-bribery/ConvCombatBribery_ENG.pdf)

OECD (2013a). *Bribery and Corruption Awareness Handbook for Tax Examiners and Tax Auditors*. (https://www.oecd-ilibrary.org/docserver/9789264205376-en.pdf?expires=1659931263&id=id&accname=ocid195432&checksum=17F6C1E0AF1C2B0DF96888997200D990)

OECD (2013b). *Working Group on Bribery: 2012 Data on Enforcement of the Anti-Bribery Convention*. Organisation for Economic Co-operation and Development. (https://www.oecd.org/daf/anti-bribery/WorkingGrouponBribery_2012EnforcementData.pdf)

OECD (2014). *OECD Foreign Bribery Report: An Analysis of the Crime of Bribery of Foreign Public Officials*. Paris: Organisation for Economic Co-operation and Development. (https://read.oecd-ilibrary.org/governance/oecd-foreign-bribery-report_9789264226616-en)

OECD (2018). *Ratification Status as of May 2018*. Organisation for Economic Co-operation and Development (https://www.oecd.org/daf/anti-bribery/WGBRatificationStatus.pdf)

OECD (2019). *Phase 4 Report: Japan: Implementing the OECD Anti-Bribery Convention*. Organisation for Economic Co-operation and Development. (https://www.oecd.org/corruption/OECD-Japan-Phase-4-Report-ENG.pdf)

OECD Working Group on Bribery (2009). *Recommendation of the Council for Further Combating Bribery of Foreign Public Officials in International Business Transactions*. Organisation for Economic Co-operation and Development. (https://legalinstruments.oecd.org/en/instruments/OECD-LEGAL-0378)

OECD Working Group on Bribery (2014). *Annual Report 2014*. Organisation for Economic Co-operation and Development. (https://www.oecd.org/daf/anti-bribery/WGB-AB-AnnRep-2014-EN.pdf)

OECD Working Group on Bribery (2020). *2019 Enforcement of the Anti-Bribery Convention: Investigations, Proceedings, and Sanctions.* Organisation for Economic Co-operation and Development, December 23. (https://www.oecd.org/daf/anti-bribery/OECD-Anti-Bribery-Convention-Enforcement-Data-2020.pdf)

OECD Working Group on Bribery (2021). *2020 Enforcement of the Anti-Bribery Convention: Investigations, Proceedings, and Sanctions.* Organisation for Economic Co-operation and Development (https://www.oecd.org/daf/anti-bribery/OECD-Anti-Bribery-Convention-Enforcement-Data-2021.pdf)

OECD Working Group on Bribery in International Business Transactions (2002). *Phase 1: Report on Implementation of the OECD Anti-Bribery Convention in Japan.* Organisation for Economic Co-operation and Development. (https://www.oecd.org/corruption/anti-bribery/anti-briberyconvention/2387870.pdf)

OECD Working Group on Bribery in International Business Transactions (2003). *Germany: Phase 2 Report on the Application of the Convention on Combating Bribery of Foreign Public Officials in International Business Transactions and the 1997 Recommendation on Combating Bribery in International Business Transactions.* Organisation for Economic Co-operation and Development. (https://www.oecd.org/germany/2958732.pdf)

OECD Working Group on Bribery in International Business Transactions (2005). *Phase 2: Report on Implementation of the OECD Anti-Bribery Convention in Japan.* Organisation for Economic Co-operation and Development. (https://www.oecd.org/corruption/anti-bribery/anti-briberyconvention/34554382.pdf)

Office of the Inspector General (2013). *Investigation Report of Global Fund Grants to Cambodia.* Global Fund. (https://www.theglobalfund.org/media/2774/oig_gfoig13050investigationcambodia_report_en.pdf)

Oldenburg, P. (1987). "Middlemen in Third-World Corruption: Implications of an Indian Case." *World Politics*, Vol. 39, No. 4, pp. 508–535.

Post, J., Lawrence, A. & Weber, J. (2002). *Business and Society: Corporate Strategy, Public Policy, Ethics* (10th ed.) MacGraw-Hill. (ポスト, J. E. ほか著, 松野弘・小阪隆秀・谷本寛治監訳『企業と社会（上）—企業戦略・公共政策・倫理』ミネルヴァ書房, 2012 年)

Rose-Ackerman, S. & Palifka, B. (2016). *Corruption and Government: Causes,*

Consequences, and Reform. Cambridge University Press.

Schoor, B. & Luetge, C. (2016). "Can Cooperation Prevent Corruption?: Effects of Collective Commitment in Sector-Specific Coordinated Governance Initiatives on Anti-Corruption Strategies." *Collective Action: Evidence, Experience and Impact*, UNGC, 20–21 October.

Siemens (2010). *Siemens Compliance Program—Track Record and Challenges.* Siemens. (http://пкс.ср6/Sadrzaj/Files/Biro%20za%20saradnju%20sa%20 EU/Usaglasavanje-primer%20Siemens.pdf)

Siemens (2011). *Siemens Compliance System: Integration of Business Partner Due Diligence in a company's Control Systems.* Global Compact Nordic Network Meeting, November 7. (https://www.yumpu.com/en/document/view/ 10516319/business-partner-compliance-due-diligence-global-compact-)

Spencer, J. & Gomez, C. (2011). "MNEs and Corruption: The Impact of National Institutions and Subsidiary Strategy." *Strategic Management Journal*, Vol. 32, No. 3, pp. 280–300.

Stanford Law School (2022). "DOJ and SEC Enforcement Actions per Year" *Foreign Corrupt Practices Act Clearinghouse: A collaboration with Sullivan and Cromwell LLP.* (https://fcpa.stanford.edu/statistics-analytics.html)

Stiglitz, J. E. & Walsh, C. E. (2002). *Economics.* W. W. Norton & Company.

Taka, I. & Dunfee, T. W. (1997). The House of Nomura and the Japanese Securities Scandals. In S. P. Sethi & P. Steidlmeier (eds.), *Up Against the Corporate Wall: Cases in Business and Society.* Prentice-Hall, pp. 173–186.

The California Public Employees' Retirement System (2015). *Global Governance Principles.* March 16. (https://www.calpers.ca.gov/docs/forms-publications / global-principles-corporate-governance.pdf)

Transparency International (2014). *Exporting Corruption: Progress Report 2014: Assessing Enforcement of the OECD Convention on Combating Foreign Bribery*, Transparency International. (https://www.transparency.org/en/publications/exporting-corruption-progress-report-2014-assessing-enforcement-of-the-oecd)

Transparency International (2021). *Why Fighting Corruption Matters in Terms of COVID-19.* Transparency International, January 28. (https://www. transparency.org/en/news/cpi-2020-research-analysis-why-fightingcorruption-matters-in-times-of-covid-19)

Transparency International (2022). *Corruption Perceptions Index 2021.* Transparency International. (https://images.transparencycdn.org/images/CPI2021_Report_EN-web.pdf)

UNGC (2015). *A Practical Guide for Collective Action against Corruption.* United Nations Global Compact. (https://d306pr3pise04h.cloudfront.net/docs/issues_doc%2FAnti-Corruption%2FCollectiveActionExperiencesGlobal.pdf)

United Nations Office on Drugs and Crime (2020). *Statement on Corruption in the Context of Covid-19.* United Nations, October 15. (https://www.unodc.org/documents/Advocacy-Section/covid-19_corruption_EN.pdf)

United States Congress House of Representatives (2009). *Accountability, Transparency, and Uniformity in Corporate Deferred and Non-Prosecution Agreements.* Hearing before the Subcommittee on Commercial and Administrative Law.

U. S. Department of Justice (2008a). *Principles of Federal Prosecution of Business Organizations.* DOJ. (http://www.justice.gov/sites/default/files/opa/legacy/2008/08/28/corp-charging-guidelines.pdf)

U. S. Department of Justice (2008b). *United States v. Siemens Aktiengesellschaft, Document 1(Information), Case 4: 11-cr-367-RJL,* The United States District Court For The District of Columbia, December 12, pp. 8–39. (https://www.justice.gov/sites/default/files/criminal-fraud/legacy/2013/05/02/12-12-08siemensakt-info.pdf)

U. S. Department of Justice (2008c). *United States v. Siemens Aktiengesellschaft, 08-CR-367-RJL (Statement of Offence),* The United States District Court For The District of Columbia, December 15, pp. 40–50. (https://www.justice.gov/sites/default/files/criminal-fraud/legacy/2013/05/02/12-15-08siemens-statement.pdf)

U. S. Department of Justice (2011a). *United States of America v. Bridgestone Corporation. Document 1(information), Case 4: 11-cr-00651, TXSD,* United States District Court Southern District of Texas Houston Division, September 15. (https://www.carteldigest.com/siteFiles/Corporate%20Pleas/Bridgestone%20plea%20agreement.pdf)

U. S. Department of Justice (2011b). *United States of America v. JGC Corpora-*

tion, Document 1(Information), Case 4: 11-cr-00260, United States District Court Southern District of Texas Houston Division, April 6, pp. 2-4, 7-8. (https://www.justice.gov/sites/default/files/criminal-fraud/legacy/ 2011/04/27/04-6-11jgc-corp-info.pdf)

U. S. Department of Justice (2012). *United Stated of America v. Marubeni Corpo- ration, Document 1(Information), Case 4: 14-cr-00022,* United States District Court Southern District of Texas Houston Division, January 17. (https:// www.justice.gov/sites/default/files/criminal-fraud/legacy/2012/01/24/2012-0 1-17-marubeni-information.pdf)

U. S. Department of Justice (2014). *United States of America v. Marubeni Corpo- ration, Document 1(information), Case 3: 14-cr-00052-JBA,* United States District Court District of Connecticut, March 19. (https://www.justice.gov/ sites/default/files/criminal-fraud/legacy/2014/03/ 24/marubeni-corp-infor- mation.pdf)

U. S. Department of Justice (2015). *The Memorandum for the Assistant Attorney General: Individual Accountability for Corporate Wrongdoing,* September 9. (https://www.justice.gov/dag/file/769036/download)

U. S. Department of Justice and the U. S. Securities and Exchange Commission (2012). *A Resource Guide to the U.S. Foreign Corrupt Practice Act* (second edition). The Criminal Division of the U.S. Department of Justice and the Enforcement Division of the U.S. Securities and Exchange Commission. (https://www.justice.gov/criminal- fraud/file/1292051/download)

U. S. Department of Justice Office of Public Affairs (2011a). "Bridgestone Corpo- ration Agrees to Plead Guilty to Participating in Conspiracies to Rig Bids and Bribe Foreign Government Officials." *Justice News,* September 15. (http://www.justice.gov/opa/pr/bridgestone-corporation-agrees-plead-guilty- participating-conspiracies-rig-bids-and-bribe-0)

U. S. Department of Justice Office of Public Affairs. (2011b). "JGC Corporation Resolves Foreign Corrupt Practices Act Investigation and Agrees to Pay a $218.8 Million Criminal Penalty." *Justice News,* April 6. (https://www.justice. gov/opa/pr/jgc-corporation-resolves-foreign-corrupt-practices-act-investigati on-and-agrees-pay-2188)

U. S. Department of Justice Office of Public Affairs (2014a). "Remarks by Principal Deputy Assistant Attorney General for the Criminal Division Marshall L. Millar at the Global Investigation Review Program", *Justice News*, September 17. (https://www.justice.gov/opa/speech/remarks-principal-deputy-assistant-attorney-general-criminal-division-marshall-l-miller)

U. S. Department of Justice Office of Public Affairs (2014b). "Marubeni Corporation Agrees to Plead Guilty to Foreign Bribery Charges and to Pay an $88 Million Fine." *Justice News*, March 19. (https://www.fbi.gov/newhaven/press-releases/2014/marubeni-corporation-agrees-to-plead-guilty-to-foreign-bribery-charges-and-to-pay-an-88-million-fine)

U. S. Securities and Exchange Commition (2015). *Securities and Exchange Commission v. Hitachi, Ltd., Document 1, Case 1: 15-cv-01573, Civil Action*, United States District Court For The District of Columbia, September 28. (https://www.sec.gov/litigation/complaints/2015/comp-pr2015-212.pdf)

Vatter, W. J. (1947). *The Fund Theory of Accounting and Its Implications for Financial Reports*. The University of Chicago Press.

Vogel, E. F. (1980). *Japan as No.1*. Tuttle.

WEF (2013). *Network of Global Agenda. Councils 2012–2014: Midterm Reports*. World Economic Forum. (https://www3.weforum.org/docs/GAC/2013/WEF_GAC_MidtermReports_2012-14.pdf)

Westermann, T. & Burfeind, J. (1991). *Crime and Justice in Two Societies: Japan and the United States*. Wadsworth. (ウェスターマン, T. D.・バーフェインド, J. W. 著, 大野平吉・庭山英雄・岩井宜子訳『犯罪と裁判―日米の比較文化論』尚学社, 2000 年)

WHO (2013). *World Malaria Report 2013*. World Health Organization. (https://reliefweb.int/report/world/world-malaria-report-2013)

Wieland, J. & Gruninger, S. (2003). "Value Management System and their Auditing: Concept, Instruments and Empirical Experiences" Wieland, J. edited, *Standards and Audits for Ethics Management Systems: The European Perspective(Ethical Economy)*, Springer, pp. 119–135.

〈邦文文献〉

アベグレン, J. C. (1970). 『日本経営の探求―株式会社にっぽん』東洋経済新報社, 40 頁.

今福愛志 (2009) 『企業統治の会計学—IFRS アドプションに向けて』中央経済社.

岩井克人 (2005).「株式会社の本質—その法律的構造と経済的機能」伊丹敬之・
　藤本隆宏・岡崎哲二・伊藤秀史・沼上幹（編）『企業とガバナンス（日本の企
　業システム第Ⅱ期，第2巻）』有斐閣，14–43頁.

梅田徹 (2009).「外国公務員贈賄防止条約の国内実施立法を巡る改正の歴史」『麗
　澤大学紀要』第89巻，1–31頁.

梅田徹 (2011).『外国公務員贈賄防止体制の研究』麗澤大学出版会.

梅津光弘 (2003).「アメリカにおける企業倫理論」中村瑞穂（編著）『企業倫理と
　企業統治—国際比較』文眞堂，19–25頁.

大内穂 (1977).『腐敗の構造—アジア的権力の特質』ダイヤモンド社.

大塚祐一 (2014).「外国公務員贈賄問題への対応を巡る企業の社会的責任—情報
　開示を通じた透明性の確保に向けて」『日本経営倫理学会誌』第21巻，245–
　255頁.

小幡績 (2014).『GPIF—世界最大の機関投資家』東洋経済新報社.

オリンパス株式会社監査役等責任調査委員会 (2012).「調査報告書（2012年1月
　16日）」（https://www.olympus.co.jp/jp/common/pdf/nr20120117.pdf）.

甲斐克則 (2013).「日本におけるコンプライアンスの現状と課題—2010年アンケ
　ート調査分析結果」『企業と法創造』第9巻第2号，28–40頁.

甲斐淑浩 (2013).「贈収賄規制法」アンダーソン・毛利・友常法律事務所（監修・
　著）デービス・ポーク・アンド・ウォードウェル，君合律師事務所，スロー
　ター・アンド・メイ法律事務所（著）『域外適用法令のすべて』きんざい，
　220–296頁.

海外贈賄防止委員会「概要」『海外贈賄防止委員会ホームページ』ABCJ.（https://
　www.antibriberyjapan.org/about）.

柿﨑環 (2005).『内部統制の法的研究』日本評論社.

柿﨑環 (2015).「FCPA の展開と資本市場規制としての意義」『ビジネス法務』第
　15巻第9号，95–99頁.

梶田幸雄・田漢哲 (2018).「中国の商業賄賂とその企業活動への影響」『R-bec
　Working Paper』No. 11.（https://www.reitaku-u.ac.jp/research/images/
　2014/04/No11.pdf）.

鎌田信夫 (1995).『資金会計の理論と制度の研究』白桃書房.

北島純 (2011).『解説　外国公務員贈賄罪—立法の経緯から実務対応まで』中央
　経済社.

北島純（2012）.「中国における外国公務員贈賄罪の新設」『ビジネス法務』9 月号，114–121 頁.

北島純（2013）.「ブラジル・ロシア・インドにおける外国公務員贈賄罪」『ビジネス法務』3 月号，119–125 頁.

北村豊(2016).「驚くほど刑罰が軽かった天津爆発事故の一審判決」『日経ビジネス』2016 年 11 月 18 日（https://business.nikkei.com/atcl/opinion/15/101059/111500074/）.

木村剛（2003）.『「会計戦略」の発想法』日本実業出版社.

京極純一（1983）.『日本の政治』東京大学出版会，191–195 頁.

國廣正・稲川龍也・竹内朗・海外贈賄防止委員会（2022）『海外贈賄危機管理の実務』中央経済社.

國廣正・五味祐子・中村克己（2015）.『海外贈収賄防止コンプライアンスプログラムの作り方』LexisNexis.

グローバル・コンパクト・ネットワーク・ジャパン・地球環境戦略研究機関（2022）.「SDGs 進捗レポート 2022」（https://www. ungcjn.org/library/files/elements_file_2022.pdf）.

グローバル・コンプライアンス研究会（2013）.『体系 グローバル・コンプライアンス・リスクの現状—求められる我が国の対応指針』きんざい.

桑嶋健一（2005）「補論：研究の技法—アプローチの仕方：ケース研究」藤本隆宏・高橋伸夫・新宅純二郎・阿部誠・粕谷誠『リサーチ・マインド 経営学研究法』有斐閣，39-41 頁.

経済産業省（2004）.「外国公務員贈賄防止指針」経済産業省（https://www.meti.go.jp/policy/external_economy/zouwai/pdf/GaikokukoumuinzouwaiBoushiShishin.pdf）.

経済産業省（2012）.『平成 24 年版通商白書—世界とのつながりの中で広げる成長のフロンティア』経済産業省.

経済産業省（2013）.「第 42 回海外事業活動基本調査の概要」経済産業省（https://www.meti.go.jp/statistics/tyo/kaigaizi/result/result_42/pdf/h2c42kaku1.pdf）.

経済産業省（2015a）.「第 44 回海外事業活動基本調査の概要」経済産業省（https://www.meti.go.jp/statistics/tyo/kaigaizi/result/result_44/pdf/h2c44kaku1.pdf）.

経済産業省（2015b）.「外国公務員贈賄防止指針」経済産業省（https://www.meti.

go.jp/policy/external_economy/zouwai/pdf/GaikokukoumuinzouwaiBoushi
Shishin.pdf)

経済産業省 (2021a). 「外国公務員贈賄罪 (外国公務員不正利益供与罪)」経済産業省.
　　(https://www.meti.go.jp/policy/external_economy/zouwai/pdf/damezou
　　waiponchie20210512.pdf)

経済産業省 (2021b). 「外国公務員贈賄防止指針」経済産業省. (https://www.
　　meti.go.jp/policy/external_economy/zouwai/pdf/Gaikokukoumuinzouwai
　　BoushiShishin20210512.pdf)

経済産業省 (2022). 「第 51 回海外事業活動基本調査結果概要―2020 年度 (令和 2
　　年度) 実績」経済産業省 (https://www.meti.go.jp/press/2022/05/20220530001
　　/20220530001-1.pdf).

コーポレートガバナンス・コードの策定に関する有識者会議 (2015). 「コーポレ
　　ートガバナンス・コード原案―会社の持続的な成長と中長期的な企業価値の
　　向上のために」金融庁. (https://www.fsa.go.jp/news/26/sonota/20150305-1/
　　04.pdf)

小山明宏 (1990). 「企業におけるエージェンシー問題再考 (I)―企業の内外におけ
　　るさまざまなエージェンシー関係とエージェンシー・コスト」『学習院大学経
　　済論集』第 27 巻第 2 号, 1-18 頁.

国際協力機構 (2014). 「不正腐敗防止ガイダンス」JICA.

国際協力銀行企画部門調査部 (2021). 「わが国製造業企業の海外事業展開に関す
　　る調査報告―2020 年度海外直接投資アンケート結果 (第 32 回)」JBIC.

国際連合広報センター (2013). 「シリーズ③：住友化学株式会社」『アフリカで事
　　業を行っている日本企業』国際連合広報センター. (http://www.unic.or.jp/
　　news_press/features_backgrounders/4296/)

国土交通省 (2011). 「海外建設プロジェクトにおけるリスク管理方策に関する検
　　討会報告書」国土交通省. (https://www.mlit.go.jp/common/000142568.pdf)

小林英夫・岡崎哲二・米倉誠一郎・NHK 取材班 (1995). 『「日本株式会社」の昭
　　和史』創元社.

佐藤剛己 (2020). 「公認不正検査士の不正調査手法　第 1 回：海外駐在員から見
　　る本社のコンプライアンス」『会計・監査ジャーナル』第 779 号, 50-53 頁.

商事法務研究会 (2001). 「最近の裁判動向―鹿島建設株主代表訴訟和解事例」『資
　　料版商事法務』第 203 号, 203-204 頁.

染谷恭次郎 (1956). 『資金会計論』中央経済社.

高巖（2003）.『コンプライアンスの知識』日本経済新聞社.

高巖（2010）『コンプライアンスの知識』日本経済新聞社.

高巖（2014）.「外国公務員贈賄防止に係わる内部統制ガイダンス（R-BEC013）」
　　麗澤大学企業倫理研究センター.

高巖（2016）.「どこまで取り組む？日本企業の贈賄対策」『ビジネス法務』第16
　　巻第8号，38-49頁.

高巖・國廣正・五味祐子（2012）.「グローバルリスクとしての海外腐敗行為―ナ
　　イジェリア贈賄事件を巡って」『麗澤経済研究』第20巻第2号，1-24頁.

高巖・藤野真也（2016）.「エージェントをどう格付・評価・コントロールするか」『ビ
　　ジネス法務』第16巻第8号，33-37頁.

高野秀敏（2013）.「現地社員の過度ない賃上げ要求で人間不信に⁉―日本人たった
　　一人の「海外赴任の実態」」『Diamond Online』9月25日.（http://diamond.
　　jp/articles/-/42082）

高橋大祐（2021）.『グローバルコンプライアンスの実務』きんざい.

高橋均（2008）.『株主代表訴訟の理論と制度改正の課題』同文舘出版，30頁.

滝西敦子（2022）.「株式持ち合いとメインバンクの役割と機能およびその変化―
　　企業集団の形成期から東京証券取引所の市場再編前まで」『上智経済論集』第
　　67巻第1・2号，27-44頁.

竹内朗（2017）.「日弁連ガイダンスの概要と有事対応としてのコレクティブアク
　　ション」『自由と正義』第68巻第2号，8-16頁.

田中周紀（2013）.『飛ばし―日本企業と外資系金融の共謀』光文社.

田村善之（2004）.『不正競争法概説（第2版）』有斐閣.

通商産業省知的財産政策室（1999）.『外国公務員贈賄防止―解説改正不正競争防
　　止法』有斐閣，38頁.

鶴田俊正（1982）.『戦後日本の産業政策』日本経済新聞社.

ドーア，R.（2001）.『日本型資本主義と市場主義の衝突』東洋経済新報社.

東京財団CSR研究プロジェクト（2015）.「CSR企業調査から見えてきた持続可能
　　な社会をつくる企業のすがた」『CSR白書2015―社会に応える「しなやかな」
　　会社のかたち』東京財団.

東京証券取引所（2015）.「コーポレートガバナンス・コードの策定に伴う上場制度
　　の整備について（2015年3月5日）」（http://www.jpx.co.jp/rules-participants
　　/public-comment/detail/d1/nlsgeu0000007k0q-att/ 150305_jojo1.pdf）.

東京証券取引所・名古屋証券取引所・証券会員制法人福岡証券取引所・証券会員

制法人札幌証券取引所 (2015).「2014 年度株式分布状況調査の調査結果について」(http://www.jpx.co.jp/markets/statistics-equities/examination/nlsgeu 0000010nfj-att/bunpu 2014.pdf).

徳岡仁 (2015).「習近平と「北京反腐敗宣言」」『立命館国際研究』第 27 巻第 4 号, 101〜114 頁.

中谷和弘・植木俊哉・河野真理子・森田章夫・山本良 (2006).『国際法〈第 2 版〉』有斐閣.

中原俊明 (1978a).「米企業の海外不正支出をめぐる法規制(1)—その模索と展開の軌跡を追う」『民商法雑誌』第 79 巻第 2 号, 163–186 頁.

中原俊明 (1978b).「米企業の海外不正支出をめぐる法規制(2)—その模索と展開の軌跡を追う」『民商法雑誌』第 79 巻第 2 号, 360–379 頁.

中原俊明 (1978c).「米企業の海外不正支出をめぐる法規制(3)—その模索と展開の軌跡を追う」『民商法雑誌』第 79 巻第 2 号, 523–547 頁.

中村隆英 (2005).『日本経済—その成長と構造』東京大学出版会.

日本交通技術 (2014a).「起訴に関するお知らせ」7 月 10 日. (http://www.jtc-con.co.jp/oshirase.pdf)

日本交通技術 (2014b).「追起訴に関するお知らせ」8 月 7 日. (http://www.jtc-con.co.jp/oshirase2.pdf)

日本交通技術 (2015).「事件に関する報告」2 月 19 日. (http://www.jtc-con.co.jp/houkoku.pdf)

日本能率協会総合研究所 (2012).「平成 23 年度 中小企業の海外展開に係る不正競争等のリスクへの対応状況に関する調査（外国公務員贈賄規制法制に関する海外動向調査）」日本能率協会総合研究所. (https://www.meti.go.jp/policy/external_economy/zouwai/pdf/chousa_houkokusho.pdf).

日本弁護士連合会 (2016).「海外贈賄防止ガイダンス（手引）」日本弁護士連合会 (https://www.nichibenren.or.jp/library/ja/opinion/report/data/2017/opinion_170119.pdf).

日本貿易振興機構 (2015).「2014 年度日本企業の海外事業展開に関するアンケート調査—ジェトロ海外ビジネス調査」JETRO, 17 頁. (https://www.jetro.go.jp/ext_images/jfile/report/07001962/07001962.pdf)

日本貿易振興機構 (2020).「足踏みが続く日本企業の海外進出意欲」『分析・地域レポート』JETRO, 4 月 3 日 (https://www.jetro.go.jp/biz/areareports/special/2020/ 0401/5108acfbc2e84313.html?_previewDate_=null&revision=0&view

Force=1&_tmpCssPreview_=0%2F).

日本貿易振興機構ニューデリー事務所（2018）.「インド汚職防止法改正概説」JETRO（https://www.jetro.go.jp/ext_images/_Reports/02/2018/b93f7573faf bc2d9/in201812.pdf）.

年金積立金管理運用独立行政法人（2015）.「日本版スチュワードシップ・コードへの対応状況及び株主議決権行使状況の概要（平成26年4月～6月）について」『Press Release』GPIF，1月30日（http://www.gpif.go.jp/operation/pdf/voting_h26.pdf）.

年金積立金管理運用独立行政法人（2020）.「基本ポートフォリオの変更について⑴」GPIF.（https://www.gpif.go.jp/topics/Adoption%20of%20New%20Policy%20 Portfolio_Jp_details.pdf）

年金積立金管理運用独立行政法人（2022）.「令和3年度 業務実績報告及び自己評価書説明資料」GPIF（https://www.mhlw.go.jp/content/12501000/000967236. pdf）

花田光世（1988）.「グローバル戦略を支える人事システムの展開法（下）」『ダイヤモンド・ハーバードビジネス』第13巻第5号，103–112頁.

林望（2015）.「天津爆発に腐敗問題の影―中国政府高官ら規律違反の疑い」『朝日新聞デジタル』8月18日（http://www.asahi.com/articles/ASH8L5G17H8LU HBI015.html）

樋口範雄（1999）.『フィデュシャリー［信認］の時代』有斐閣，5-25頁.

平野仁彦（2019）「退職記念講義 法の支配について」『立命館法學』第5・6号，2403-2030頁.

藤野真也（2013）.「海外腐敗行為防止法におけるエンティティ概念の位置づけ―内部統制システムの構築に向けた資金会計理論の応用」『経営会計研究』第18巻第1号，1–13頁.

藤野真也（2014）.「外国公務員贈賄をめぐるグローバル・リスクの動向―米国規制当局の捜査手法と途上国における腐敗防止体制の変化」『経営実務研究』第9号，49-69頁.

藤野真也（2016a）.「グローバルリスクとしての外国公務員贈賄―日本企業の内部統制が機能しない理由を巡って」麗澤大学大学院博士論文.

藤野真也（2016b）.「海外腐敗行為防止を巡る日本企業の対応」『経済社会学会第52回全国大会報告要旨集』5-8頁.

藤野真也・髙巖（2016）.「汚職防止のための内部統制システムの整備，コンサル

タント・エージェント格付・管理手法」『自由と正義』第 66 巻第 2 号，22-27 頁.

藤本隆宏（2005）．「実証研究の方法論」藤本隆宏・高橋伸夫・新宅純二郎・阿部誠・
　　粕谷誠『リサーチ・マインド　経営学研究法』有斐閣，2-38 頁.

ベーカー＆マッケンジー法律事務所（2014）．『3 つのステージで考えるアジア事
　　業投資とコンプライアンス戦略』中央経済社.

ベーカー＆マッケンジー法律事務所・デロイト トーマツ ファイナンシャル アド
　　バイザリー（2013）．『海外進出企業の贈賄リスク対応の実務―米国 FCPA か
　　らアジア諸国の関連法まで』中央経済社.

ベロシス，A.（2012）．「対処：電子保存情報の復元，再現および分析」ジジェンテ
　　ィ，R. H.・ヘッドリー，T. P. 著，知野雅彦監訳，KPMG FAS フォレンジッ
　　ク部門訳『不正・不祥事のリスクマネジメント』日本経済新聞社，296-314 頁.

町田祥弘（2007）．『内部統制の知識』日本経済新聞出版社.

丸山夏彦（2003）．『株式持合解消で強くなる企業と弱くなる企業』研修社.

宮島英昭・新田敬祐（2011）．「株式所有構造の多様化とその帰結―株式持ち合い
　　の解消・『復活』と海外投資家の役割」『RIETI Disucussion Paper Series』第
　　11-J-011 号．（https://www.rieti.go.jp/jp/publications/dp/11j011.pdf）

村上康聡（2015）．『海外の具体的事例から学ぶ腐敗防止対策のプラクティス』日
　　本加除出版，219-249 頁.

村上幸隆（2017）．「中国における商業賄賂を中心に」『国際商取引学会年報』第 19
　　号，161-166 頁.

森・濱田法律事務所グローバルコンプライアンスチーム（2014）．『外国公務員贈
　　賄規制と実務対応―海外進出企業のためのグローバルコンプライアンス』商
　　事法務.

森下忠（2012）．『国際汚職の防止』成文堂.

森下忠（2013）．『諸外国の汚職防止法制』成文堂.

山口厚（2012）．『経済刑法』商事法務.

吉森賢（2001）．『日米欧の企業経営―企業統治と経営者』放送大学教育振興会.

麗澤大学経済研究センター（2000）．『倫理法令遵守マネジメント・システム：
　　ECS2000 v1.2 の導入と活用法』麗澤大学企業倫理研究センター.

渡部茂己・喜多義人（2014）．『国際法［第 2 版］』弘文堂.

索　　引

欧文

ABCJ（Anti-Bribery Committee Japan）
　　　　　　　　　　　　　　　137, 146
ACIB（Act on Combating Bribery of For-
　eign Public Officials）………………015
BCG（Business Conduct Guidelines）……035
CCF（Compliance Control Framework）…034
CDD（Compliance Due Diligence）………038
CPI（Corruption Perceptions Index）
　　　　　　　　　　　　　　　053, 081
CRA（Compliance Risk Assessment）……035
DOJ（Department of Justice）………018, 029
DPA（Deferred Prosecution Agreement）
　　　　　　　　　　　　　　　………020
EITI（Extractive Industries Transparency
　Initiative）……………………………143
EMB（Ethics Management of the Bavarian
　Construction Industry）………………143
ESG 投資……………………………117
FBI………………………………………023
FCPA（Foreign Corrupt Practices Act）
　　　　　　　015, 029, 085, 093, 110
FCRA（Foreign Contribution Regulation
　Act）……………………………………054
GCNJ（Global Compact Network Japan）
　　　　　　　　　　　　　　　………146
GPIF………………………………………118
JICA………………………………………013
JTC 事件…………………………………090
KPK…………………………………003, 024
MACN（Maritime Anti-Corruption Net-
　work）…………………………………143

MHPS………………………………………134
MHPS 事件………………………………091
NPA（Non-Prosecution Agreement）……020
OECD 作業部会…………………………085
OECD 条約………………………………012
PCA（Prevention of Corruption Act）……054
PCI 事件…………………………………089
SDGs 進捗レポート……………………147
SEC（Securities and Exchange Commis-
　sion）……………………018, 022, 029
SESC（Securities and Exchange Surveil-
　lance Commission）…………………121
SFO………………………………………023
SOX 法……………………………………127
SpoDoM（スポドム）……………………037
the Prevention of Corruption Act, 1988
　　　　　　　　　　　　　　　………025
the Prevention of Corruption（Amend-
　ment）Act, 2018………………………025
TI（Transparency International）…………081
UKBA（United Kingdom Bribery Act）
　　　　　　　　　　　　　　　………015
UNGC（United Nations Global Compact）
　　　　　　　　　　　　　　　………146

あ行

アナス・アーバニングラム………………004
アムネスティ・プログラム………………032
安全保障上の脅威…………………………ii
安全保障上のリスク………………………009
安定経営…………………………………097
アンディ・アルフィアン…………………004
域外適用…………………………………052

医薬品 ································ 066
インセンティブ付内部告発制度 ····· 022
インセンティブメカニズム ········ 072
インフラ投資需要 ················· 027
英国の贈収賄法 ··················· 015
エージェンシー関係 ··········· 041, 067
エージェンシー理論 ··············· 044
エージェント ····················· 038
汚職防止法 ··················· 025, 054
汚職撲滅委員会 ··················· 003
オリセット®ネット ················ 060
オンブズマン ····················· 047

か行

会員 ····························· 037
海外売上高比率 ··················· 074
海外現地法人企業数 ··············· 027
海外現地法人常時従業者数 ····· 027, 077
海外事業展開 ····················· 074
海外生産比率 ····················· 076
海外贈賄 ························· 010
　——防止委員会 ················· 137
　——防止ガイダンス（手引） ····· 137
海外ビジネス ····················· 079
海外腐敗行為 ··············· i, 005, 009
　——防止 ······················· 113
　——防止体制 ··················· 010
　——防止の内部統制 ············· 063
　——防止法 ····················· 029
会計主体論 ······················· 044
会計処理条項 ············· 015, 111, 121
　——違反 ······················· 029
外国献金規制法 ··················· 054
外国公務員贈賄 ·············· 010, 014
　——罪 ························· 084
　——防止指針 ·········· 062, 086, 129
外国人株主 ······················· 096
外国人投資家 ····················· 097
会社法 ······················ 116, 128
改正汚職防止法 ··················· 025
化学 ····························· 066

拡大属地主義 ····················· 018
鹿島建設株主代表訴訟和解事例 ····· 093
株式所有構造 ····················· 096
株式の持ち合い ··················· 097
株主 ····························· 092
株主代表訴訟 ····················· 092
監査報告書 ······················· 112
カンボジア贈賄事件 ··············· 060
機会主義 ························· 052
機関投資家 ······················· 117
企業会計原則 ····················· 112
企業行動憲章 ····················· 128
企業行動指針 ····················· 035
企業実体論 ······················· 044
企業セクター ····················· 070
企業体 ················· 043, 138, 141
企業体概念の拡張 ················· 045
起訴前合意 ············· 020, 021, 114
起訴猶予合意 ····················· 020
キックバック ····················· 004
規程類作成 ·········· 048, 063, 066, 101
規程類整備 ······················· 067
寄付 ····························· 037
九電工事件 ······················· 089
業種 ····························· 065
行政的腐敗 ······················· 002
競争戦略 ························· 057
金融商品取引法 ··················· 128
グラクソ・スミスクライン（GSK）······· 025
グローバル・コンパクト・ネットワーク・
　ジャパン（GCNJ）··············· 146
グローバル化 ················· 075, 078
グローバルビジネス ··············· 026
クロスデバーメント ··············· 013
経営者責任 ······················· 139
経営者の態度 ····················· 068
経済産業省 ······················· 086
建設 ························· 066, 067
後援 ····························· 037
構造的腐敗 ······················· 003
公訴時効 ····················· 085, 108

170

公的輸出信用と贈賄に関するOECD理事
　　会勧告 ……………………………… 013
合理的保証 …………………………… 047
国際社会の規範 ……………………… 051
国際商取引における外国公務員贈賄防止
　　法 …………………………………… 015
国際条約 ……………………………… 010
国際的腐敗 …………………………… 004
国内法令 ……………………………… 011
国連グローバル・コンパクト ……… 061, 146
コミッション ………………………… 054
コレクティブアクション …………… 142
コンプライアンス
　　――・オフィサー ……………… 127
　　――・デューディリジェンス … 038
　　――・リスク …………………… 010
　　――上の断絶（コンプラ断絶）… 053
　　――統制枠組み ………………… 034
　　――リスク評価 ………………… 035
コンプラ断絶 ………………………… 057

さ行

財務諸表 ……………………………… 112
財務報告の信頼性 …………………… 111
先送り ………………………………… 069
サプライヤー ………………………… 041
シーメンス …………………………… 029, 125
資金理論 ……………………………… 042
自浄作用 ……………………………… 047
市場セクター ………………………… 070
市場の失敗 …………………………… 006
市場メカニズム ……………………… 005
持続可能な開発目標（SDGs）……… 059
執行 …………………………………… 088
司法省 ………………………………… 018
司法取引 ……………………………… 030, 115, 133
司法取引合意 ………………………… 021, 029
資本主理論 …………………………… 044
社外監査役 …………………………… 109
社外取締役 …………………………… 109
社内規程 ……………………………… 066

社内調査 ……………………………… 107, 125
社内リニエンシー制度 ……………… 126
習近平 ………………………………… 025
終身雇用 ……………………………… 104
重大不正監視局 ……………………… 023
自由で開かれたインド太平洋 ……… 150
商業賄賂 ……………………………… 025
証券取引委員会 ……………………… 018
証券取引等監視委員会 ……………… 121
証拠収集等への協力及び訴追に関する合
　　意制度（合意制度）……………… 091, 134
上場企業会計改革および投資家保護法
　　……………………………………… 127
情報開示 ……………………………… 062
情報の有機的活用 …………………… 123
所有と経営の分離 …………………… 041
人権侵害 ……………………………… 003
　　――リスク ……………………… 067
新興国 ………………………………… 012
　　――の商慣習 …………………… 051
信認義務 ……………………………… 041
スチュワードシップ・コード ……… 119
スハルト ……………………………… 003
住友化学株式会社 …………………… 058
政治的腐敗 …………………………… 002
制度のすきま ………………………… 052, 057, 141
政府・行政セクター ………………… 071
積極的抗弁事由 ……………………… 115
善管注意義務 ………………………… 116
捜査協力 ……………………………… 022, 030, 032
贈収賄 ………………………………… 002
贈賄禁止条項 ………………………… 015, 111
属人主義 ……………………………… 016
属地主義 ……………………………… 017
組織に対する連邦量刑ガイドライン
　　……………………………………… 021, 114, 132

た行

第三者 ………………………………… 038, 055
体制整備 ……………………………… 048, 063
帳簿記録条項 ………………………… 015, 111

通商産業省 ……………………… 084
デューディリジェンス ……………… 036
電気機器 ………………… 066, 067
同意判決 ……………………… 030
当局 …………………… 011, 012
同心円的の概念 ……………… 103
同心円的社会観 ……………… 106
独裁政権 ……………………… 003
独占資本 ……………………… 003
十倉雅和 ……………………… 059
独立行政法人国際協力機構 ……… 013
独立モニター ………………… 031
トップマネジメント ……………… ii
トニー・ブレア ………………… 145
トランスペアレンシー・インターナショ
　ナル …………… 053, 062, 081

な行

内部昇進型 …………………… 108
内部統制 ………… 103, 105, 112
　──システム ……………… 106
　──条項 …………… 015, 111
　──の法制化 ……………… 111
　──報告書 ………………… 112
日本経済団体連合会 …………… 059
日本版 SOX 法（J-SOX）………… 113
日本版司法取引制度 ……… 072, 091
日本弁護士連合会（日弁連）……… 137
年金積立金管理運用独立行政法人 … 118
年功序列 ……………………… 104

は行

罰金額 ………………………… 085
ピアレビュー ………………… 013
ビジネスパートナー ……… 038, 040
ファシリテーション・ペイメント
　…………… 002, 056, 061, 115
フォローアップ審査 …………… 086
不起訴合意 …………………… 020
不正競争防止法 …… 084, 093, 116, 130
フタバ産業事件 ……………… 089

腐敗 ………………………… 001
　──行為 …………………… 080
　──認識指数 ……… 053, 081
　──防止強化のための東京原則 … 145
米国司法省 …………………… 029
米国証券取引委員会 ………… 029
米国の海外腐敗行為防止法 ……… 015
ヘルプデスク ………………… 047
弁護士 ………………………… 136
法人実在説 …………………… 043
法人名目説 …………………… 043
法の支配 …………… 009, 052
　──のメカニズム …………… 007

ま行

マーシャル・ミラー …………… 023
三菱日立パワーシステムズ ……… 134
ミュンヘン検察局 …………… 030
民主主義社会 ………………… 007
民主主義的統治メカニズム ……… i
モニタリング ………… 048, 063
問題の先送り ………………… 107

や・ら・わ行

有罪答弁合意 ………………… 114
米倉弘昌 ……………………… 059
リスク
　──・アセスメント …… 035, 036
　──情報の不足 ……………… 069
　──認識 … 045, 048, 063, 066, 067, 069
　──評価 …………………… 073
リスクベース・アプローチ
　… 046, 048, 055, 068, 103, 124, 131, 145
リソースガイド ……………… 132
リニエンシー・プログラム ……… 033
両罰規定 ……………………… 114
連邦捜査局 …………………… 023
連邦量刑ガイドライン …… 021, 134
ロッキード事件 ……………… 110
賄賂 ………………………… 001

■ 著者紹介

藤野 真也（ふじの・しんや）

麗澤大学国際学部 准教授

1982 年生まれ。2010 年京都大学経済学部卒業。2012 年京都大学経営管理大学院修了。2016 年麗澤大学大学院経済研究科博士課程修了。博士（経営学），MBA。麗澤大学経済学部助教を経て，2021 年より現職。

研究分野：企業倫理，コーポレートガバナンス

主要業績：

『日本航空の破綻と再生』ミネルヴァ書房，2019 年（共著）.

"Foreign Public Officials Bribery and Global Compliance of Japanese Corporations," *Journal of Business and Economics*, Vol. 8, No. 2, 2017, pp. 249–261.

「外国公務員贈賄を巡る法制度と商慣習のギャップ」『経営倫理』第 89 号，2018 年，31–35 頁.

「AI の予測精度とプライバシーを巡るジレンマ―ステークホルダー主義に基づくコーポレートガバナンスの再構築」『麗澤経済研究』第 105 号，2022 年，40–50 頁.

「日本企業による海外腐敗行為防止の取り組み状況」『麗澤経済研究』髙巖博士記念論文集，2022 年，45–52 頁.

■ グローバルリスクとしての海外腐敗行為

　—内部統制機能不全の克服に果たす経営者の役割

■ 発行日――2023 年 3 月 27 日　初版発行　　　　　　〈検印省略〉

■ 編　著――藤野真也

■ 発行者――大矢栄一郎

■ 発行所――株式会社　白桃書房

　　　　　〒101-0021　東京都千代田区外神田5-1-15
　　　　　☎ 03-3836-4781　🅕 03-3836-9370　振替 00100-4-20192
　　　　　http://www.hakutou.co.jp/

■ 印刷・製本――藤原印刷株式会社

　　©FUJINO, Shinya 2023 Printed in Japan　ISBN978-4-561-26775-1 C3034

好 評 書

高浦康有・藤野真也 編著

理論とケースで学ぶ　企業倫理入門

本体価格 2,727 円

岡部幸徳 著

よくわかる経営倫理・CSR のケースメソッド
エシックストレーニングのすすめ

本体価格 2,200 円

小山嚴也 著

CSR のマネジメント
イシューマイオピアに陥る企業

本体価格 2,600 円

小林俊治・高橋浩夫 編著
日本経営倫理学会 監修

グローバル企業の経営倫理・CSR

本体価格 3,000 円

上田和勇 編著

ビジネスにおける異文化リスクのマネジメント
アジアの事例を中心に

本体価格 2,700 円

古沢昌之・安室憲一・山口隆英 編著
公益社団法人国際経済労働研究所 監修

新興国における人事労務管理と現地経営
ベトナム・インドネシア・インド・バングラデシュ・ブラジルの
労働事情と日本企業 7 社のケーススタディ

本体価格 3,200 円

東京 白桃書房 神田
本広告の価格は本体価格です。別途消費税が加算されます。